让更多的孩子享用更好的教育

李柏映教育随想录

李柏映◎著

团结出版社

UNITY PRESS

图书在版编目（CIP）数据

让更多的孩子享用更好的教育：李柏映教育随想录 /
李柏映著. —— 北京：团结出版社，2022.7
ISBN 978-7-5126-2598-3

Ⅰ.①让… Ⅱ.①李… Ⅲ.①教育—文集 Ⅳ.①G4-53

中国版本图书馆CIP数据核字(2022)第075054号

出　版：团结出版社
　　　　（北京市东城区东皇城根南街84号　邮编：100006）
电　话：（010）65228880　65244790（出版社）
　　　　（010）65238766　85113874　65133603（发行部）
　　　　（010）65133603（邮购）
网　址：http://www.tjpress.com
E-mail：zb65244790@163.com（出版社）
　　　　fx65133603@163.com（发行部邮购）
经　销：全国新华书店
印　刷：旭辉印务（天津）有限公司

开　本：670毫米×960毫米　16开
印　张：14
字　数：280千字
版　次：2022年7月　第1版
印　次：2022年7月　第1次印刷

书　号：978-7-5126-2598-3
定　价：58.00元

序一　前辈的心愿

谋建设，培人才，乃富强之根本。

——孙中山

我们的教育方针应该使受教育者在德育、智育、体育几方面都得到发展，成为有社会主义觉悟的有文化的劳动者。

——毛泽东

我们国家，国力的强弱，经济发展后劲的大小，越来越取决于劳动者的素质，取决于知识分子的数量和质量。一个十亿人口的大国，教育搞上去了，人才资源的巨大优势是任何国家比不了的。有了人才优势，再加上先进的社会主义制度，我们的目标就有把握达到。

——邓小平

要有良好的社会，必先有良好的个人；要有良好的个人，必先有良好的教育。

——蔡元培

以今时今日论，我认为首要大事，当推教育。我中华百年积弱，正因为民智未开，只有大兴教育，才能以新知识，新文化，扫除全民族的愚昧和落后。教育人人，则人人得治。人人自治，则社会必良。社会改良，则人才必盛。

——孔昭绶

国家之富强，全在于国民，国民之发展，全在于教育，教育是立国之本。

——陈嘉庚

自强之道，以作育人才为本，求才之道，尤宜以设立学堂为先。自强首在储才，储才必先兴学。

——盛宣怀

教育为国家根本之大计，法制赖以立，实业赖以兴，军备赖以裕，即为国家所依赖以存。

——卢作孚

农不重师，则农必破产；工不重师，则工必粗陋；国民不重师，则国必不能富强；人类不重师，则世界不得太平。

——陶行知

救国不忘读书，读书不忘救国。

——马相伯

古人说："民为邦本。"一个共和国的基础稳固不稳固，全看国民有知识没有。国民如果受到相当的教育，能够和衷共济，努力为国家负责，国基就一定稳固。

我们中国几千年教育的目的，不是为了谋生，是教我们做一个人，家教是重要，然后才是跟先生学习。人格教育、学问修养是贯穿一生的。所以社会除了政治、财富力量以外，还有独立不倚、卓尔不群的人格、品格修养，作为社会、人心的中流砥柱。

——南怀瑾

我们须知道，我们事事不如人，归根究竟，还是我们的人不如人。现在要抬高国家民族的地位，我们每个人必须培养健全的身体、优良的品格、高深的学术和熟练的技能，把自己造成社会中一个有力的分子。

——朱光潜

兴国之道在于人才，人才培育始于教育。中国的希望在教育。

——田家炳

序二　教育改革旗指何方

从 1977 年恢复高考到现在，这四十多年的教育发展历程中，最近十年可以说是中国教育改革最激烈的时期。2021 年"两会"上正式提出：未来十五年要建设的整体蓝图，把教育强国和人才强国放在首位。国家宏观计划是："经过 15 年努力，到 2035 年，总体实现教育现代化，迈入教育强国行列，推动我国成为学习大国、人力资源强国和人才强国，为到 21 世纪中叶建成富强、民主、文明、和谐、美丽的社会主义现代化强国奠定坚实基础。"

2013 年 11 月 12 日，中国共产党十八届中央委员会第三次会议制定了《关于全面深化改革的若干重大问题的决定》，其中第四十二章专门谈到深化教育领域综合改革："全面贯彻党的教育方针，坚持立德树人，加强社会主义核心价值体系建设教育，完善中华优秀传统文化教育，形成爱学习、爱劳动、爱祖国活动的有效形式和长效机制，增强学生社会责任感、创新精神、实践能力。"

2014年9月9日，习近平总书记到北京师范大学进行座谈交流，详细阐述了教师的四大标准，为"教育大计，教师为本"做了完整的论述。

2018年5月2日，习近平总书记到北京大学与师生座谈，总书记在讲话中说："教育兴则国家兴，教育强则国家强。高等教育是一个国家发展水平和发展潜力的重要标志。今天，党和国家事业发展对高等教育的需要，对科学知识和优秀人才的需要，比以往任何时候都更为迫切。""关键是要形成更高水平的人才培养体系。人才培养体系必须立足于培养什么人、怎样培养人这个根本问题来建设，可以借鉴国外有益做法，但必须扎根中国大地办大学。"

2018年9月10日，全国教育工作大会召开。这是教育改革以来全面布局的一次历史性大会，会上做出了很多对于未来的根本性论断。

第一，教育的定位。

"教育是民族振兴、社会进步的重要基石，是功在当代、利在千秋的德政工程，对提高人民综合素质，促进人的全面发展，增强中华民族创新、创造活力，实现中华民族伟大复兴具有决定性意义。教育是国之大计，党之大计。"

第二，教育的首要问题和根本任务。

"培养什么人是教育的首要问题。"大会强调："我国是中国共产党领导的社会主义国家，这就决定了我们的教育必须把培养社会主义建设者和接班人作为根本任务，培养一代又一代拥护中国共产党领导和我国社会主义制度，立志为中国特色社会主义奋斗终生的有用人才，这是教育工作的根本任务，也是教育现代化的方向目标。"

第三，教育的评价导向。

"要把立德树人融入思想道德教育、文化知识教育、社会实践教育各环节，贯穿基础教育、职业教育、高等教育各领域，学科体系、教学体系、教材体系、管理体系都要围绕这个目标来设计。教师要围绕这个目标来教，学生要围绕这目标来学，凡是不利于实现这个目标的做法，都要坚决改过来。"

"坚决克服唯分数、唯升学、唯文凭、唯论文、唯帽子的顽瘴痼疾，从根本上解决教育评价指挥棒问题。"

2019年2月23日，中共中央国务院印发了《中国教育现代2035》。同年6月23日，中共中央国务院印发了《关于深化教育教学改革全面提高义务教育质量的意见》。

从2019年6月到2021年6月，两年时间里以中共中央、国务院、中共中央办公厅、国务院办公厅名义下发的与教育有关的重要文件就多达十几份。

2021年4月29日第十三届全国人民代表大会常务委员会第二十八次会议通过关于修改《中华人民共和国教育法》的决定。

2021年4月7日，中华人民共和国国务院第741号令，修订后的《中华人民共和国教育促进法实施条例》自 2021 年 9 月 1 日起施行。

2021 年"两会"之后，国家开始整顿校外培训机构。教育部专门成立了校外教育培训监管司，全国开始针对教育培训机构进行新一轮治理。

2021 年 7 月 24 日，中共中央办公厅、国务院办公厅印发《关于进一步减轻义务教育阶段学生作业负担和校外培训负担的意见》，要求各地区各部门结合实际认真贯彻落实。

这十年来，党和国家为什么坚决推动教育改革？教育要往哪里改？旗帜指向哪里？我们从总书记的三段话里就能够领悟出来。

第一段话："古今中外关于教育和办学思想流派繁多，理论观点各异，但教育必须培养社会发展所需要的人，这一点上是有共识的。培养社会发展所需要的人，说具体了，就是培养社会发展、知识积累、文化传承、国家存续、制度运行所要求的人。所以古今中外，每个国家都是按照自己的政治要求来培养人的，世界一流大学都是在服务自己国家的发展中成长起来的，我国社会主义教育就是要培养社会主义建设者和接班人。"

第二段话："古人云，国有贤良之士众，则国家之治厚，贤良之士寡，则国家之治薄。从历史和现实的角度看，任何国家，任何社会去维护政治统治，维系社会稳定的基本途径，无一不是通过教育。我国是中国共产党领导的社会主义国家，这就决定了我们的教育必须把培养社会主义建设者和接班人作为根本任务，培养一代又一代拥护中国共产党领导和我国社会主义制度、立志为中国特色社会主义奋斗终生的人才。我们的教育绝不能培养社会主义破坏者和掘墓人。绝不能培养出一些长着中国脸，不是中国心，没有中国情，缺少中国味的人，那将是教育的失败。教育的失败是一种根本性失败。我们决不能犯这种历史性错误，这是推进教育现代化，建设教育强国必须把握的大是大非问题，没有什么可隐晦、可商榷、可含糊的。"

第三段话："培养社会主义建设者和接班人不可能一帆风顺，而是需要付出艰苦努力才能完成的任务。长期以来，各种敌对势力从来没有停止对我国实施西化、分化战略，从来没有停止对中国共产党领导和我国社会主义制度进行颠覆破坏活动，始终企图在我国策划'颜色革命'，他们下功夫最大的一个领域就是争夺我们的青少年。毛泽东同志早就说过：'帝国主义说，对我们的第一代、第二代没有希望，第三代、第四代怎么样，有希望。帝国主义的话讲得灵不灵？我不希望它灵，但也可能灵。'现在算起来，在校高校学生大概就处在第三代、第四代这个范围，以后还有第五代、第六代以及十几代、几十代人的问题。争夺青少年的斗争是长期的、严峻的，我们不能输，也输不起。我们一定要警醒！"

这就是中国教育改革的大趋势，大方向，大目标，把这一方向汇总成一句话，就是党的教育方针："坚持教育为社会主义现代化建设服务，为人民服务，把立德树人作为教育的根本任务，全面实施素质教育，培养德、智、体、美、劳全面发展的社会主义建设者和接班人，努力办好人民满意的教育。"

如何贯彻落实党的教育方针，国内教育专家们提出了许多有建设性的意见。本书基于中华传统教育思想，结合多年办学的实践，提出一些观点，希望能为改革中的中国献言助力。

目　录

第十一章　教师为本

第一章 换一种思维看教育

第一节 什么是"体相用"

对于如何做教育，在教育学和教育心理学当中有过多方面论述。今天，我们想站在另外一个角度来解析教育，这种解析的思维方式叫作"体相用"。在中国传统文化中，描述万事万物有一个整体性思维——体、相、用，体相用怎么解读呢？

体：事物的源起，因何而生；

相：事物的组成，运作，显现；

用：事物的作用，价值，意义。

举个例子，观察是一栋房子，我们直接看到的是它的什么？外观。那么，这栋房子是怎么出现的呢？它的出现一定有原因。人类需要居住，这个原因就是事物的源起。先有了这个源起，然后才有这栋房子，我们把事物的源起，称作它的"体"。再接着看，这栋房子有地基，有柱梁，有墙壁，它是有许多条件组合而成的。我们把这种许多条件组合的部分，称作它的"相"，即它可见的部分。这栋房子作为居住场所，有它的价值，我们之所以使用它，是因为它有用，我们把这个称作它的"用"。有体，有相，有用，一栋房子就呈现出来。运用"体相用"思维，任何事物都可以被完整地解析，因为它是事物的根本规律。

教育同样也是一个事物。那么，根据这一规律，从整体上看，怎样来解析教育呢？我们用思维导图来分析它。

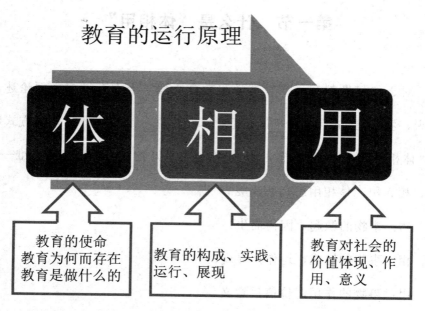

教育的运行原理

体　相　用

教育的使命
教育为何而存在
教育是做什么的

教育的构成、实践、运行、展现

教育对社会的价值体现、作用、意义

体：教育的使命，为何而存在，即教育是做什么的；

相：教育的构成、实践、运行、展现；

用：教育对社会的价值体现，即作用、意义。

平时我们都是从教育的具体某一事项来认知它，比如说，师资、

班级、课堂、课程、教材、教学方法等，这些属于教育的构成，是"相"的部分，类似于前面描述房子的地基、柱梁、墙壁等，很少注意到教育的"体"，也就是使命。

"体相用"阐述的是事物的根本规律。为什么要运用"体相用"来解析教育呢？

在没有深入谈教育之前，我们先把"体""相""用"之间的关系再深入解析一下。一个事物能够出现，一定有其"体"，即它因何而生，它为何存在。《道德经》里说"天下万物生于有，有生于无"，又说"道生一，一生二，二生三，三生万物"。不管是"有生于无"，还是"道生一"，都谈到了万物的来处，即因何而生。

有了"体"，依据体而在"相"上做条件组合，"体""相"联合，实现事物的存在价值——"用"。有了"用"，事物才能够在社会上持续有效运行，有"用"则兴，无"用"则衰。"相"是"体"的兑现，"体"是"相"的依据，"用"是"体""相"的联合实现。唯有明"体"，方能达"用"。"体"不明，"相"必乱，乱而无"用"。

第二节 使命是决策依据

关于使命理论，现代管理学之父德鲁克在企业领域有过深刻的论述："真正成功的企业，其特点不是单凭直觉，而是有明确的、简单的、深刻的理论。它要求明确地说明企业的使命，从而引导其行动和决策。

"只有明确地规定了企业使命，才可能树立明确而现实的企业目标。使命是确定优先顺序、战略、计划、工作安排的基础。

"如果不以这一企业理论为依据，就不能合理地承担这些责任。它就必然会使各种资源分散。

"如果不以这一理论为依据，就不能合理地检查和调整所承担的各项责任。如果不把结果同由这样这一理论所产生的期望相比较，就没有办法确定是否需要进行某项变革。"

不管教育还是企业，对事物的认知都是相通的。德鲁克先生分析的对象是企业，所用的名词同样也是"使命"，使命的内涵就是要回答"它本应该是做什么的"。找到使命的意义在哪里？"引导其行动和决策"，"使命是确定优先顺序、战略、计划、工作安排的基础"，是所有重大决策的依据。

我们在德鲁克先生这段话的基础上理解教育：真正成功的教育，其特点是有明确的、简单的、深刻的理论。它首先要求明确地说明教育的使命，从而引导其后续的行动和决策。只有明确地教育使命，才可能树立明确而现实的教育阶段目标。使命是确定教育优先顺序、战略、计划、工作安排的基础。如果不以使命为依据，就不能合理地承担这些教育的社会责任，就必然会使各种资源分散。如果不以使命为依据，就不能合理地检查和修订所承担的各项工作。如果不把结果同由使命

所产生的期望相比较，就没有办法确定是否需要进行教育的某项变革。

第三节　从"体相用"看教育问题的成因

使命理论同样适合分析教育，由此找到教育中的问题，从根本处化解，避免直接落入教育的"相"中，只在此山中，云深不知处。

回到教育中，我们发现一个奇怪的现象：一方面，国家对教育越来越重视，不断出台新的改革方案；另一方面，社会对教育的批评声音也越来越大，似乎随便一个人都能说出教育的几个问题来。十六年苦拼下来，学生累，教师累，家长累，不仅高端人才产出量不足，连大学生就业形势都很紧张，一部分学生甚至成为问题少年。国家不断地加大教育改革力度，各地方学校也在积极探索，很多老师像蜡烛一样在燃烧自己……可尽管如此，教育的社会价值仍远远没有充分发挥出来。问题出在哪里？

我们试着用"体相用"来分析一下教育问题的成因。

1. 社会价值不足，这是教育在"用"上显现的结果。

与"用"直接相连的是"相"，就是教育的实操部分。对应的优化教学、培训教师、修订教材、调整考试制度等成为教育改革的常见手段。

用心做了这么多年调整，为什么效果还不明显呢？问题恰恰就藏在这里！

根据事物的"体相用"原理，"相"（实操）的部分调整，必须依据于"体"（使命）。就是说，如果教育的使命不明，我们采取的很多措施都有可能是局部的、不准确的，或者是低效的。但是因为缺少"体"来作为衡量判断的依据，在推进过程中不容易被发现。这就会造成不管在"相"上怎样发力，"用"上始终不见成果的局面。

2. 明"体"方能达"用"。

改革教育，第一步应该是什么？明"体"，找回教育使命，依据教育使命，再做教育的整体调整。

一事不成，必有一理不明。那么，"教师、教学、教法"在教育运行原理图中属于哪一个部分呢？"相"。按照事物的客观规律，"相"不是孤立存在、自由操作的，它必须依据使命"体"而确定。

我们平时在教育的着手处，大都属于在"相"上的调整，即对教育中各项要素的规范、优化，包括修订教材、培训教师、改进教学等。在调整教育实操部分之前，必须先要做好一件事——明"体"，明确教育的使命，依据教育使命（体）而做出的教育实践（相）的调整，才有理可依，才能够奏效。

同时，运用"体相用"还可以进一步分析和解决教育中的某项具体事情，比如"考试"，"考试"也有"体相用"。

体：考试是做什么的，为何而考；

相：考什么，怎么考；

用：考试对教育、对学生的作用和意义。

只要从"体"开始入手，认真回答"为何而考"，那么"考什么""怎么考"就有了依据，考题出的对不对？这样考试行不行？这些问题的答案就慢慢清晰了，"考试"会回到它本来的状态，考出价值、考出作用来，从而实现教育作用的最大化。

如果没有明"体"会如何？可能"考错了"很多年我们都不知道。而且，错误的模式一旦形成，这种"习惯"的力量就会使它一直如此推展下去，甚至没有人敢质疑，敢修正。

同理，学科也是如此，学科也有"体相用"，为什么教？教什么？怎么教？学科的价值是什么？

所以，明确"教育使命"非常重要。

第二章 教育使命与人才培养

第一节 教育，传承文明之舟

作为教育人，每一天带着美好的心愿，怀揣着对学生的一份责任，长期在一线奋战，忙忙碌碌。可是，我们发现，学生好像并没有像我们所期望的那样去成长，我们的辛勤付出没有实现相应的价值，许多学生甚至毕业不久就已忘记了母校……问题出在哪里呢？如何让我们的心愿实现？我们需要找到教育的使命。

教育的使命到底是什么？

我们来看人类的发展历史，教育因何而出现，它的出现对人类社会的贡献是什么？中国有三千年以上的办学经验。在四五千年以前，我们已经有了有组织的教育活动。到了西周，中国已经建立了一套很完整的教育制度。春秋战国时期，当时的教学机构有国学和乡学，出现了最早的私学和官办的高等学府，如稷下学宫，学科分为六艺，教师队伍由现职的官员和退休官员担任，分工明确，官和师可以互动，强调化民易俗的功能。

到了汉代，国家开始开创太学，各地方政府开始办学，大学分四种，学、校、庠、序，郡曰学，县曰校，乡曰庠，聚曰序，教材以儒家经典为主。到了隋代，隋文帝开创了科举考试制度，一直延续了一千三百年，清光绪三十一年（1905年）废止。晋代的时候，有国子学和太学。唐代的时候，国家的教学体系已经非常完备，有六学二馆，六学是国子学、太学、四门学、书学、算学、律学，二馆是弘文馆和崇文馆。

到了宋代，书院开始兴起，著名的有六大书院（六大书院有多种说法，这是其中一种）：嵩阳书院、应天府书院、岳麓书院、白鹿洞书院、石鼓书院、茅山书院。大儒在书院里讲学，文人辈出，群英荟萃。明清时期，以北京国子监为代表，作为国家管理教育的最高行政机关和国家设立的最高学府。

中国人为什么如此重视教育呢？我们往深层看。人类走过几千年历史，大的方向从来没有改变——为了追求更加幸福的生活，从过去到现在乃至于未来。我们的父辈勤俭持家，我们读书来到城市工作，都是为了追求更加幸福的生活。人类带着这样的追求而不断探索，在历史的进程中，发现与发明了很多与幸福相关的思想和技术，我们把这些思想和技术统称为文明。

文明是怎么产生的？人类怀着对幸福生活的向往而发现发明的各种思想与技术。

人类有两大需求：物质需求和精神需求，从而引发产生了两大文明体系：物质文明和精神文明。物质文明的发展提升了我们的物质生活质量，而精神文明的发展使我们人际关系和谐，身心和谐。两种文明的相互作用，给我们带来了越来越美好的生活。

历史一直在往前走，文明来之不易，两大文明体系的延续，是人类幸福生活的保证。人类的文明要传承，那么，担负起文明传承重要责任的是社会中的哪一个行业？教育！

正是教育的出现，人类的先进文明才能得以更好地延续。比如，今天的中国人还可以读到《论语》，用《论语》治理企业；今天的中国人还可以使用节气来指导农业耕作；今天的中国人还有可以吃到传统工艺生产出的美味豆腐。

在人类的历史长河里，教育因何而生，教育的使命是什么？传承人类文明！

第二节　传承文明与人才培养

习近平总书记指出："教育是人类传承文明和知识、培养年轻一代、创造美好生活的根本途径。"人类历史上之所以出现教育，是因为要把文明延续下来。传承精神文明以不断改善我们的精神生活，传承物质文明以不断改善我们的物质生活。精神文明主要表现为人文思想，物质文明主要表现为科技知识，传承人文和科技，使文明得以延续，使人类一直享用文明的成果。此即教育本来之"体"，之使命。

2021 年 4 月 29 日，第十三届全国人民代表大会常务委员会第二十八次会议通过了《全国人民代表大会常务委员会关于修改〈中华人民共和国教育法〉的决定》。此次《中华人民共和国教育法》修改，将第五条修改为："教育必须为社会主义现代化建设服务、为人民服务，必须与生产劳动和社会实践相结合，培养德智体美劳全面发展的社会主义建设者和接班人。"将第七条修改为："教育应当继承和弘扬中华优秀传统文化、革命文化、社会主义先进文化，吸收人类文明发展的一切优秀成果。"这两条是相辅相成的。

"国势之强由于人，人材之成出于学"，教育要为国家培养人才，那么，为人类传承文明与为国家培养人才，两者是什么关系呢？

什么是人才？人类文明的继承者和实践者！

什么是杰出人才？人类文明的继承者与创新者！

当一名学生能够继承人类的精神文明时，必然表现为有德，与德教有关的修身、人伦、孝道、利他、家道、爱国、治国理政等，本来就是人类宝贵的精神文明。古人以《家训》治家，于是有了"江南第一家"浦江郑氏，历宋、元、明三代长达 360 多年，173 人出仕，无一贪赃枉法，无不勤政廉政，这就是家道文明传承的力量。

同理，当一名学生能够继承与发扬人类的物质文明时，必然表现为有才。钱学森学物理报效祖国，李四光钻研地质，詹天佑研究铁路工程……他们都是国之大才，是中华民族优秀的典范。修身孝亲爱国，懂得专业技术，德才兼备，这不正是我们国家所需要的人才吗？

我们党始终不渝的奋斗目标是"带领人民创造美好生活"，发展的根本目的是"增进民生福祉"。那么，学生一生的美好生活在教育中是如何实现的呢？

教育，就是让学生在传承人类文明过程中，成为文明的传承者、实践者、创新者和最终的受益者！所以，从整体看，教育的使命有三大部分：

1. 为人类传承文明；

2. 为国家培养人才；

3. 为人民创造美好生活。

而这三者最根本处在"为人类传承文明"。只要教育坚守住"为人类传承文明"这一根本使命、为国家培养人才，给人民创造美好生活的目标就能相应实现。

由此我们再来看教育的"体相用"：

教育的使命：为人类传承文明；

教学的内容：精神与物质两大文明体系；

教育的成果：德才兼备，美好生活，幸福人生。

可以用下面的关系图来表示：

传承人类文明	精神文明——人文思想→德 物质文明——科技知识→才	德才兼备 幸福人生

第三节 从文明视角分析教育

习近平总书记说："'两个一百年'奋斗目标的实现、中华民族伟大复兴中国梦的实现，归根到底靠人才、靠教育。源源不断的人才资源是我国在激烈的国际竞争中的重要潜在力量和后发优势。"

人才培养为什么这么难？举个生活中的例子，比如做米饭，如果没有米和水，能不能做出米饭来？答案是否定的。为什么？因为缺少原材料。教育的"原材料"是什么？人类宝贵的文明体系。如果两大文明体系没有进入校园，能够培养出人才来吗？

我们来重新审视当下教育所面临的困难。

困难之一，以中华优秀传统文化为代表的精神文明体系多年没有进入校园，使得我们的德育教育一直举步维艰。

毛泽东说："我们马克思主义者，不应当割断历史。从孔夫子到孙中山，我们应当总结，继承一份珍贵遗产。"

习近平总书记在全国宣传思想工作会议上指出："每个国家和民族的历史传统、文化积淀、基本国情不同，其发展道路必然有着自己的特色；中华文化积淀着中华民族最深沉的精神追求，是中华民族生生不息、发展壮大的丰厚滋养。"

2017年1月25日中共中央办公厅、国务院办公厅印发了《关于实施中华优秀传统文化传承发展工程的意见》（以下称《意见》），《意见》指出："要把中华优秀传统文化全方位融入思想道德教育、文化知识教育、艺术体育教育、社会实践教育各环节，贯穿于启蒙教育、基础教育、职业教育、高等教育、继续教育各领域。以幼儿、小学、中学教材为重点，构建中华文化课程和教材体系。"中央这一重大举措无疑是英明而有远见的。

从教育使命来看，让传统文化进校园本来就是教育者分内的事情，个别学校还在犹豫观望，没有参透其中的道理。在中华优秀传统文化中有大量关于"什么是德""如何育德"的完整论述，有内容，有方法（后面章节会详细阐述），而这些在现代教育学中几乎难以寻觅，由此使得德育的教材课本、内容设计、教学方法都成了无源之水。尽管有许多老师也在悉心为德育写书立课，受个人水平所限，真正有明显效果的不多。

因为历史的原因，我们对于什么是传统文化、传统文化与现代教育的关系所知有限，对传统文化的直观印象就是文言文，之乎者也，没有觉得有什么重要。在校大学生中很多甚至不了解本民族的经典和历史，在他们的身上也没有体现出文明古国、礼仪之邦的气质。

没有精神文明传承，如何育德？这就是现代教育必须突破的一大困难。

困难之二，再来看物质文明的传承。1956年1月，毛泽东说："我们国家大，人口多，资源丰富，地理位置好，应该建设成为世界上一个科学、文化、技术、工业各方面更好的国家。"

1988年9月5日，邓小平说："马克思说过，科学技术是生产力，事实证明这话讲得很对。依我看，科学技术是第一生产力。"1995年5月26日，江泽民指出："没有强大的科技实力，就没有社会主义的现代化……实施科教兴国战略，必将大大提高我国经济发展的质量和水平，使生产力有一个新的解放和更大的发展。"2006年1月9日，胡锦涛指出："科技竞争成为国际综合国力竞争的焦点。当今时代，谁在知识和科技创新方面占据优势，谁就能够在发展上掌握主动。"

新中国成立以来，我们国家在理、工、农、医学科发展上投入了巨大的人力物力，大学里开设了数学、物理、化学、生物、天文学、地质学、地理学、大气科学、海洋、力学、电子信息科学、材料学、环境科学、地矿、材料、机械、仪器仪表、能源动力等若干重要专业。1995年11月和1998年5月评选出的39所985大学和115所211大学，是新中国成立以来由国家立项在高等教育领域进行的规模最大、层次最高的重点建设工作，是中国政府实施"科教兴国"战略的重大举措。同时，在中小学开设了语文、数学、自然科学、物理、化学、生物等基础学科，组织学生参加国际中学生奥林匹克数学、物理、化学竞赛，举办中国科学技术大学（少年）班、精英人才培养实验班……这些举措为国家科技发展，跻身世界一流大国起到了强大的助推作用。

与此同时，我们也看到了现实问题，庞大的教育规模后面是世界一流人才的短缺，比如，诺贝尔自然科学奖和菲尔茨奖是公认的代表当今世界科学水准的一个重要尺度，中国至今在这两个奖项上一个是个位数，一个是零。每年世界发布的十大科技新闻，常常与中国无缘。这个现象成为国人的心结。

问题出在哪里？

原因之一，德育是智育的基础，没有德育作地基，就造不出智育的高楼。当年钱学森冒着生命危险从海外归来报效祖国，而今天大批学子却"黄鹤一去不复返"。当代学子的受教育条件比钱老当年好得无法相比，为什么再也没有出现像钱老那样"国为重，家为轻"的中华民族知识分子的典范？这里不是个人智商的差距。"水之积也不厚，则其负大舟也无力"，没有高尚的思想境界，没有强烈的家国情怀，又怎会走出像钱老一样的辉煌人生？

钱老生于上海，祖籍浙江省杭州市，是吴越王钱松第 33 世孙，从

小深受《钱氏家训》影响，立志"利在天下必谋之"，正是这些深厚的思想品德，造就出后来的"中国航天之父"。今天，我们在德育教育上的薄弱，已经引发了人才培养中一系列问题，急需反思。

原因之二，在物质文明传承过程中，我们只是教授了知识，从知识到文明，是有距离的，稍微不慎就会偏离方向。

比如，我们为什么教数学？正确答案应该是传承数学文明，造福人类社会。可是，时下的数学教育真的行走在这条大道上吗？再比如，我们为什么教物理？正确答案应该是传承物理文明，造福人类社会。可是，时下的物理教育是按照这样的思想执行的吗？

"体"是"相"的决策依据，我们教授数学、物理、化学、生物，根本使命是传承人类的物质文明，而不是应付考试，更不是停留在知识层面转圈圈。偏离了教育使命，不去培养学生造福社会的能力，人才目标能够实现吗？

当两大文明体系同时进入校园后，我们必须还要研究对应的教育方法。

人文思想如何能转化成学生之德？需要传道。习近平说："'传道'是第一位的。"传了道，学生才会有德。是不是学生们背了很多经典，就一定有德？不一定。经典一定要转化成德用，人文思想是育德的内容，传道是育德的正确方法。

科技知识如何能转化成学生之才？需要授业。唐代韩愈说："师者，所以传道授业解惑也。"授了业，学生才会有才。知识如果用来比赛，教育岂不成了一场偏离航向的角逐？静思一下，教育者如何把人类灿烂的文明真正传承给学生，并让他们用于的生活实践？所以，科技知识是育才的内容，授业是育才的正确方法。

到这里，我们可以大致画出一幅培养人才的框架图：

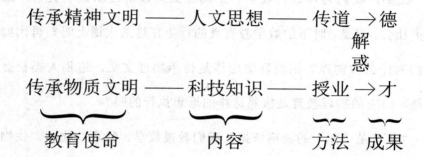

第三章　学科设置与学科宗旨

第一节　落实教育方针从学科设置开始

教育的使命是"传承人类文明"，如何在实际的教学中得以落实呢？这里就要谈到学校教育的一个重要环节——学科设置。

从教育整体布局来看，学科设置、课程安排，应该遵循什么样的大原则，来画一张说明图：

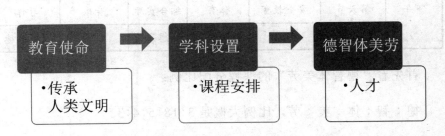

一方面，学科是两大文明体系在教育分科中的落实部分，教育要想担负起传承人类文明的历史重任，首先必须从学科设置开始。

另一方面，"德智体美劳"要通过学科设置和课程安排实现出来，最终培养出以"德智体美劳"为特征的人才。

我们国家的教育方针是:"坚持教育为社会主义现代化建设服务,为人民服务,与生产劳动和社会实践相结合,培养德智体美劳全面发展的社会主义建设者和接班人。"教育方针是国家对教育的总要求、总指挥、总目标,培养德智体美劳全面发展的社会主义建设者和接班人,是所有教育人奋斗的方向。

那么,国家教育方针如何在学校的实际教学安排中得到落实呢?我们先来看一张小学生常用课程表:

类别 / 时间		星期一	星期二	星期三	星期四	星期五
上午	第一节	语文	数学	语文	数学	数学
	第二节	数学	语文	数学	语文	语文
	第三节	体育	美术	体育	美术	英语
	第四节	少先队活动	科学	英语	数学万花筒	校园体育
下午	第五节	音乐	英语	综合实际	校园体育	习作
	第六节	安全教育	体育	综合实际	音乐	习作
	第七节	英语	传统文化	思想品德	科学	思想品德

首先看"德智体美劳"的课程分配比例:

德:智:体:美:劳,比例大概是 3:18:5:4:3。

这样的学科设置和课程安排,能不能实现"培养出德智体美劳全面发展的社会主义建设者和接班人"的教育方针呢?

2007 年 12 月 2 日,胡锦涛在十七大报告中指出:"要全面贯彻

党的教育方针，坚持育人为本、德育为先。"德育为先的教育思想，如何在基础教育的学科设置、课程安排中得到体现呢？

2015 年我到某省为当地老师授课，老师们向我反映了当前初中生暴露出的主要问题：

自主学习能力弱、迷恋网络、早恋、身体素质差、没有良好的生活习惯、厌学、自私、没目标、叛逆、没有担当、攀比、没有感恩心、吸烟、校园暴力、反感老师、没有梦想、抗挫折力差、打架、偏激、易怒、没有恭敬心、不守规矩、浪费、没礼貌、说谎话、作息习惯差、不合群、人际关系不好、不爱劳动、字写得不工整、不爱运动、不爱阅读、学习效率低、不会表达、胆怯等等。（当然，这只是一部分学生的问题，不能以偏概全）

这些问题引起了我的沉思。为什么经历了六年的基础教育，这些问题不仅没有得到化解，反倒呈上升趋势，问题出在哪里？接着，在我们围绕小学课程设计展开研讨时，发现了其中一个重要原因——"应该教的没有教，应该教的不会教"。

一个 10 岁的学生，还不懂礼貌，问题出在哪里？之前没有人教过他礼貌。

一个 14 岁的学生，不孝敬父母，问题出在哪里？之前没有人教过他孝道。

一个 16 岁的女学生，体质很不好，问题出在哪里？之前没有人系统教过她如何养护和锻炼身体。

一个 23 岁的出国留学生，受着祖国的恩情，却诋毁自己的祖国，问题出在哪里？之前没有人教过他什么是感恩，什么是家国情怀。

从这些案例中可以看出，如果我们不对学科设置和课程安排做出调整优化，大部分问题后期是必然要出现的，而且可能持续加重。

古人是如何做学科安排的。古人对学科的安排开始于公元前 1046 年的周王朝教育体系，要求学生掌握六艺：礼、乐、射、御、书、数。"养国子以道，乃教之六艺：一曰五礼，二曰六乐，三曰五射，四曰五御，五曰六书，六曰九数。"（出自《周礼·保氏》）

礼：礼节。五礼者，吉、凶、宾、军、嘉也。

乐：音乐。六乐：云门、大咸、大韶、大夏、大濩、大武等古乐。

射：射箭技术。五种射技分别为：白矢、参连、剡注、襄尺、井仪。

御：驾驶马车的技术。

书：书写，识字，作文。

数：术也。理数、气数，阴阳五行、生克制化等。

用今天的话说，就是德育课、音乐课、武术体育课、生活应用课、语文书法课、自然科学课，德育居于首位。课程虽然只有六门，却非常符合客观实际，对于当时来说，可谓德才兼备。

明代大儒王阳明先生在《社学教条》一文中讲述当时民间学校——社学的基本课程安排：

"古之教者，教以人伦。后世记诵词章之习起，而先王之教亡。今教童子，惟当以孝弟忠信、礼义廉耻为专务。其栽培涵养之方，则宜诱之歌诗以发其志意，导之习礼以肃其威仪，讽之读书以开其知觉。今人往往以歌诗习礼为不切时务，此皆末俗庸鄙之见，乌足以知古人立教之意哉！"

"每日工夫，先考德，次背书诵书，次习礼或作课仿，次复诵书讲书，次歌诗。"

一共开设了几门课呢？三门，歌诗、习礼、授书，教学内容：诗、礼、书，作什么用呢？"发其志意、肃其威仪、开其知觉"，教育原则是"以孝弟忠信、礼义廉耻为专务"，相当于今天的"德育为本"，把德育具体落实在歌诗、习礼、授书三门主课中，而且每日的功课从早至晚，都是围绕德育展开的。

那么智育呢？古代是农业社会，它的智育（才智能力）主要围绕治国理政和农业技术而展开，士、农、工、商，士与农在首位，学而优则仕，入仕学习的专业课程内容是什么？四书五经。智育在"授书"课程中完成，以此培养治国能才。

从这些古代的教育案例中不难发现，没有对应的学科设置，教育目标是难以实现的。想要落实"坚持教育为社会主义现代化建设服务，为人民服务，与生产劳动和社会实践相结合，培养德智体美劳全面发展的社会主义建设者和接班人"的教育方针，我们必须做如下考虑：

1. 德育教育，需要设置哪些学科和内容？采用什么教学方法？

2. 智育教育，需要设置哪些学科和内容？采用什么教学方法？

3. 体育教育，需要设置哪些学科和内容？采用什么教学方法？

4. 美育教育，需要设置哪些学科和内容？采用什么教学方法？

5. 劳动教育，需要设置哪些学科和内容？采用什么教学方法？

这些学科在每周、每学期的时间和量的分配，先后顺序如何安排？

在小学阶段，正是德育扎根的阶段，明显要加大学生的德育教育量（关于"如何立德"后面有阐述）。小学也正是长身体的关键时间，不仅是体育运动，传统武术、中医养生常识也要纳入小学课程。而音乐、美术、劳动等课程与德育教育都是关联的。

第二节　建议增设的学科

从教育的使命和教育方针来看，校园未来应该考虑增设以下学科。

一、经典

2009 年 5 月 13 日，时任中央党校校长的习近平同志在讲话中指出："优秀传统文化书籍作为古今中外文化精华的传世之作，思考和表达了人类生存与发展的根本问题，其智慧光芒穿透历史，思想价值跨越时空，历久弥新，成为人类共有的精神财富。""读优秀传统文化书籍，

是一种以一当十、含金量高的文化阅读。"

南怀瑾老先生在世时说:"文化是人类民族的灵魂,尤其是一个国家民族,切不可自毁灵魂、但取躯壳地糟蹋文明,更不可自毁千秋的文化大业。""试看古今中外的历史,文化亡了的民族而能翻身的,史无前例。所以对于文化重建的工作,我们这一代的责任太重大了,绝不能让它在我们这一代的手中断送掉。"

荀子在《劝学》里说:"不闻先王之遗言,不知学问之大也。"

从这些名人大家的叮嘱中可以看出,经典教学进入校园,已成为当务之急。

二、历史

"以史为鉴,可以知兴替",毛主席的床头总放着一部《资治通鉴》,这是一部被他读"破"了的书,有不少页都用透明胶贴住,这部书上不知留下了他多少阅读的印迹。毛主席一共读了17遍,可见其对历史之深爱。

敬爱的周恩来总理曾经说:"历史对一个国家一个民族,就像记忆对于个人一样,一个人丧失了记忆就会成为白痴,一个民族如果忘记了历史,就会成为一个愚昧的民族。"他多次鼓励青年干部,要多读历史。

国学大师南怀瑾先生说:"我素来主张'经史合参',要诸位对经史融会贯通,这样才能学以致用,否则光读经书,一天到晚抱着四书五经，人会变迁的，会变成呆头呆脑的。读经书，还必须配合历史，读历史同样必须配合经书。所以有所谓'刚日读经，柔日读史'的说法。"

对历史教学研究很深的贺益德老师曾说："人们学习历史，是为了站得高看得远，尽量减少人生的决策失误，个人如此，家庭如此，单位如此，国家也如此。尤其那些百年大计，千年大计，绝非仅靠十几年或几十年的阅历所能济事。"

为什么现在的学生对历史学科喜欢不起来，感觉没有用呢？一方面跟历史教学的方向有关。历史本身重在人文，是对前人修身齐家治国经验的提炼和总结。如今历史教学指向了应试的背题考分，历史教学的意义被严重缩水，甚至被导偏。另一方面，对历史还戴着有色眼镜，贴上了标签，什么封建啊、愚昧啊、落后啊。客观想一想，一个愚昧的民族会创造出如此灿烂的文化吗？会有经典传世吗？这么说话不符合逻辑。历史有过阴暗，也有过盛世，更出过很多文化大家。

历史从什么时候开始学呢？小学就可以了。学历史，好处很多。第一，历史是真实的；第二，历史是民族的；第三，历史是可以效仿的。让学生们知道这些故事真实的发生过，在黑板上画一个中国地图，大家看这里就是我们首都北京，这里就是陕西，周文王、周武王生活的地方，他们很自豪，原来我们是圣人的后代啊。他们慢慢会"追星"，我要成为大禹，我要像周公一样，人生有了坐标，有了方向。

一个人的思想能够走多远，他的人生就能够走多远。学历史的学生，

有思想，有爱国主义情怀、民族自豪感。从小培养他们对史学的兴趣，长大以后他们会热爱读史，自己找书看，从尧舜禹时期到近代史，说起来滔滔不绝，又渊博又深刻。

三、习礼

在儒家的六艺课程中，排在首位的就是"礼"。夫子言："不学礼，无以立。"在王阳明社学的课程设计中，习礼是主课。

《礼记·曲礼》说："人有礼则安，无礼则危，故曰礼者不可不学也。"又说："是故圣人作，为礼以教人，使人以有礼，知自别于禽兽。"《孝经》说："礼者，敬而已矣。"

2006年9月20日，中央文明办和国家旅游局曾经公布了中国公民出国（境）旅游常见不文明十大行为：

1. 随处抛丢垃圾、废弃物，随地吐痰、擤鼻涕、吐口香糖，上厕所不冲水，不讲卫生留脏迹；

2. 无视禁烟标志想吸就吸，污染公共空间，危害他人健康；

3. 乘坐公共交通工具时争抢拥挤，购物、参观时插队加塞，排队等候时跨越黄线；

4. 在车船、飞机、餐厅、宾馆、景点等公共场所高声接打电话、呼朋唤友、猜拳行令、扎堆吵闹；

5. 在教堂、寺庙等宗教场所嬉戏、玩笑，不尊重当地居民风俗；

6. 大庭广众之下脱去鞋袜、赤膊袒胸，把裤腿卷到膝盖以上、翘

"二郎腿"，酒足饭饱后毫不掩饰地剔牙，卧室以外穿睡衣或衣冠不整，有碍观瞻；

7. 说话脏字连篇，举止粗鲁专横，遇到纠纷或不顺心的事大发脾气，恶语相向，缺乏基本社交修养；

8. 在不打折扣的店铺讨价还价，强行拉外国人拍照、合影；

9. 涉足色情场所、参加赌博活动；

10. 不消费却长时间占据消费区域，吃自助餐时多拿浪费，离开宾馆、饭店时带走非赠品，享受服务后不付小费，贪占小便宜。

真的是中国公民文明道德素质很差吗？其实不是。这与他们所受的基础教育有关。如果开设了"习礼"课，像上面这些内容一两节课就能学完，很容易解决，走到哪里，都让人高看一眼。

中华民族历史源远流长，在五千年的历史长河中，创造了灿烂的文化，形成了高尚的道德准则、完整的礼仪规范和优秀的传统美德，被世人称为"文明古国，礼仪之邦"。中国自古以来被称为"衣冠上国，礼仪之邦"。《诗》序："变风发乎情，止乎礼义。发乎情，民之性也；止乎礼义，先王之泽也。"

时代变迁，如今我们虽然不能完全照搬古礼，但是"礼仪文明"必须传承下来。"创造性转化、创新性发展"的重任，就交给今天学校的老师们了。

经典、历史、习礼，有了这三门课程做支撑，德育教育就有了骨架，立德树人的目标就容易实现了。

四、科技文明

人类的物质文明在教育中如何传承呢？目前小学教育的重点放在数学教育上，数学是科学之母。后来增设了科学和信息技术，中学开设了物理、化学与生物。到了大学，按照理、工、农、医展开成数百个专业。

建议把小学阶段原有的"科学"学科升级为"科技文明"，作为重点学科，其目的不是为了考试，是为了带领学生们尽早进入人类科学技术的殿堂，博览丰富多彩的物质文明，开阔视野。

"首孝悌，次见闻"，教育家苏霍姆林斯基说："道德教育成功的'秘诀'在于，当一个人还在少年时代的时候，就应该在宏伟的社会生活背景上给他展示整个世界、个人生活的前景。"

让学生从小打开视野，看到人类灿烂的科技文明，感受到科技给人类带来的巨大变化，对于他们未来立下志向、选择专业、博览群书，有着非常重要的意义。

我国著名化学家和教育家、中国科学院院士唐有祺教授，1920年出生于江南水乡、千年古镇新场镇，从小喜欢阅读课外书，对白话文产生浓厚兴趣，有了自己的偶像岳飞和爱迪生。就读南汇县立初级中学时，唐有祺开始偏爱数学、物理、英语等科目，擅长划船，向往国外的世界。高中的物理课和化学课向唐有祺展现出一个看不见摸不着的微观世界，电磁效应和化学反应是那样神秘，激发了他的好奇心和浓厚兴趣。一次偶然的机会，唐有祺读到一篇文章，谈到科学界前辈任鸿隽先生从美国学成归来时曾讲，任鸿隽向往的不是像爱迪生这样的发明家，而宁愿以一个理论和实践并重的科学家来自勉。这对唐有祺影响很大，他的崇拜对象成了像法拉第和麦克斯韦等物理学家。

今天的学生每天从早到晚一般埋头于课业中，谈起浩瀚的人类文明却似井底之蛙，所知寥寥。待到高考报志愿时，只能凭个人感觉，至于这个专业到底是做什么的，对社会的价值是什么都不大清楚，很多学生上大学后才发现，所学专业自己并不喜欢，造成了四年大学时间上的浪费。

小学六年正是学生求知欲特别强的时期，把整个文明大纲展示在他们眼前，激发他们探索科学的兴趣，远比坐在那里抠几道可能一辈子都用不上的难题怪题有意义得多。有了这些早期铺垫，到中学他们进入"物化生"实质性学习阶段时，就知道了为什么学，就会有力量。心中有了自己的目标，16年的学习生活就会成为一条前后不断递进的线，成人成才，指日可待。

五、中医养生与中华武术

毛泽东在《体育之研究》中说："体者，为知识之载而为道德之寓者也。其载知识也如车，其寓道德也如舍。体者，载知识之车而寓道德之舍也。儿童及年入小学，小学之时，宜专注重于身体之发育，

而知识之增进道德之养成次之。宜以养护为主，而以教授训练为辅。今盖多不知之，故儿童缘读书而得疾病或至夭荡者有之矣。"2018 年全国教育大会上，习近平在报告里说："要树立健康第一的教育理念，开齐开足体育课。"想要增强青少年体质，可以将中医养生和中华武术加入中小学生课程。

中国的传统文化包括儒、释、道、医、武，在几千年的历史长河中，中医和武术为我们中国人的健康做出了重要贡献，是体育教育中非常重要的课程。

中医提出"上工治未病"，禁于未发之谓"预"，防病比治病要重要得多，在不良生活习惯、饮食和滥用药品而导致疾病日益增多的今天，学生在小学就懂一点中医常识，对于防病治病、养生保健，好处甚多。

中国传统武术伴随着中国历史与文明发展，像太极拳、八段锦、站桩，源远流长，经过一代又一代的经验总结，在理论和实践层面对于强健身体有着重要的功效。

六、生活教育

学生们长大成家立业，不管是工作还是在婚姻家庭中，如果没有基本的生活能力，生活则几乎寸步难行。教育家陶行知说："教育的根本意义是生活之变化。生活无时不变即生活无时不含有教育的意义。

因此，我们可以说：'生活即教育。'"宋代朱熹在《大学章句序》里说："人生八岁，则自王公以下，至于庶人之子弟，皆入小学，而教之以洒扫、应对、进退之节，礼乐、射御、书数之文。"教育家叶圣陶说："我们在学校里受教育，目的在养成习惯，增强能力。"

这里所说的习惯，不仅包括学习习惯，更包括生活习惯。

如何养成良好的生活习惯，如何让学生在生活中培养能力，最简单的方法就是建立对应的学科——"生活教育"，内容包括食育、盥洗、卫生、起居、清洁、安全等，实用易学，学生喜欢，受益一生。

七、七道课程

七道是指琴道、棋道、书道、画道、花道、茶道、香道，又有四艺、八雅之说。为什么这些课程被称为"道"呢？

读书做学问，特别强调静定的功夫，也就是今天所说的专注力。诸葛亮在《诫子书》中说："夫君子之行，静以修身，俭以养德。非淡泊无以明志，非宁静无以致远。夫学须静也，才须学也。"《大学》里说："知止而后有定，定而后能静，静而后能安，安而后能虑，虑而后能得。"

制心一处，无事不办，那么，对于活泼好动的小学生来说，如何培养定力呢？七道课程就是首选。之所以称之为道，是因为它们都有让心回归宁静淡泊的力量，古人云："意粗性躁，一事无成。心平气和，千祥骈集。"静能生智，定能生慧，当小学生的心灵从小得到这样的练习以后，对于后来的学习、创新能力、开发智力，益处多多，尤其是长大以后搞科研、做事业，一生受益。

学科设置和课程安排，好比盖一栋楼的材料总表，材料备足了，前后工期安排好了，大楼就容易盖成了。

第三节　用学科宗旨保证教学目标

有了学科设置是不是就完成任务了呢？不一定，还要看这些学科的教学是否按照它自身的学科宗旨进行。

什么是学科宗旨？前面讲过如何运用"体相用"的思维方式。为什么教，内容是学科的"相"。宗旨就是学科的"体"；明"体"方能达"用"。"体"如果不明，一个学科就可能被教错，进而无"用"，对学生不能产生真实意义，浪费了学生的时间。

例如，数学学科，首先必须搞明白，"为什么教数学"。语文学科，必须搞明白"为什么教语文"。英语学科，必须搞明白"为什么教英语"。

作为老师，如果对于自己所教的学科都不知道"为什么教"，能够教明白吗？曾经遇到过这样的情况，一位优秀的语文教师有一次在某学校开展一堂示范课，课后请我们来评课。整堂课的设计确实都很用心，学生也积极参加，课堂氛围活跃。可是，总感觉哪里不对。哪里不对了呢？很明显，这位老师并没有把握住语文教学的宗旨，课堂看着热闹，学生其实收获不大。

学科宗旨是如何确定的，我们来看综合分析图：

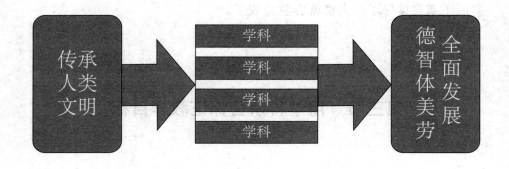

所有学科的共同宗旨：传承人类文明，实现德智体美劳全面发展。具体落实下来，比如数学教学，可以确立这样的学科宗旨：传承数学文明，培育数学才智，为发展科技文明奠定基础。

这就完整地回答了"我们为什么教数学"。

像数学、物理、化学、生物这样的理工类学科，它们的宗旨很明确，就是要把人类灿烂的物质文明按照小学、中学、大学三个阶段逐步传承下来，培养学生的科学技术能力，育其智，育其才。经典、历史、习礼、社科、哲学等这些人文类学科，它们的宗旨是什么？把人类灿烂的精神文明按照小学、中学、大学各个阶段递进传承下来，培养学生正确的世界观、人生观、价值观，成其思想，育其品德，使学生具有观察世界、思考人生、正确决策的能力。

那么语文这个大学科呢？经过分析认为，语文的宗旨是以文传道，以善文、美文滋养学生情感，点亮学生心灵，启迪学生智慧；授之以语、文之业，使学生擅语、擅文；于文章浸润、诵读、思考、写作之中，明人生之大道。

体育运动、中医养生、武术的学科呢？传承体育文明、养生文明、健身文明，保证学生的身体素质。

那么，过去我们的错误在哪里？自己给自己使了绊子，把学科套进考试的圈子里出不来，各学科的"宗旨"被扭曲成这个样子：

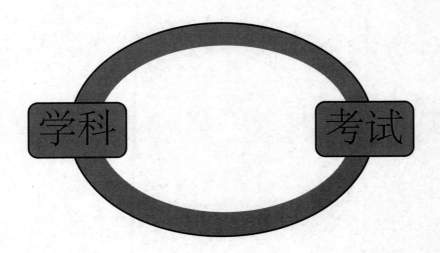

为什么学数学？"为了考试，为了分数"；为什么学语文？"为了考试，为了分数"；为什么学英语？"为了考试，为了分数"。考试悄悄演变成了各学科的"宗旨"，什么都得围着考试转。考什么教什么成为当下一种常态。

脱离了传承人类文明的教育使命，脱离了德智体美劳的教育方针，学科存在的意义在哪里？难道只是为了一个考分？

第四章 抓住教育的根本
——立德树人

第一节 立德树人是教育改革之魂

学科设置完备，学科宗旨明确以后，到了具体的教学实践中，如何把握？抓住四个字——立德树人！

怎么看待这些年以来的教育大势？其实略一沉思，答案就出来了。宋代王安石有诗云："不畏浮云遮望眼，只缘身在最高层"，最高层在哪里？党中央。所以，教育只要看到党中央的意志，就知道往哪里走了。《论语》里说："君子有三畏：畏天命，畏大人，畏圣人之言。"跟上时代脚步，听从中央指挥，遵循真理办教育，为学生们创建更加美好的未来，这就是我们要走的路。

习近平总书记说："世界一流大学都是在服务自己国家的发展中成长起来的"，如果把这句话扩展成整个教育："教育都是在服务自己国家的发展中成长崛起的"，古今中外办学有很多流派，但都是要培养本国所需要的人。习近平总书记将国家所需要的人才大体分了五种——社会发展、知识积累、文化传承、国家存续、制度运行所要求的人。如果不能为国家培养所需要的人，一所学校存在的意义在哪里？

当我们看清远方目标以后，眼前这些困难自然能够淡然处之了。黄河到东海，九曲十八弯，世界上没有直的路，但是有可以到达的远方。如果能看到远方的"星辰大海"，教育这条路再崎岖，也能走下去，这就是国家希望之所寄，未来中国又一轮崛起的教育之路。

前不久在微信文章里看到三年级的一道数学题，讲的是猫妈妈给小猫分鱼，这道题特别绕，如果用二元方程式来解很容易就解开了，但三年级还没有学习使用方程式。大家可以想象，本来需要用方程式解的题却让没有学习方程式的孩子解答，而且是小学三年级，学生一看就懵了。我转发了朋友圈，配了一条评语："三年级的学生刚学数学，不宜出这么难的题，会打击学生学数学的积极性。"平时我跟数学老师们反复强调，如果数学教育不能为国家培养出数学家来，我认为这是失败的，成绩再好都值得质疑。

数学是科技之母，科技是强国之路，作为学校校长我不敢耽误国家大事。数学老师就要研究怎么为国家培养出数学家，提高国家科技实力。所有能培养出数学家的数学教育，我都想学一学，这才是我心中的数学教育。

创校之初，华夏学校的校训就定的是"读书做圣贤，立志报家国"。学校要发展，必须培养出立志报家国这样的人才。当前教育观点繁多，但是不能忘记"教育必须培养国家发展所需要的人"。无论是数学教育、英语教育、语文教育，还是经典教育，如果忘记了培养国家发展所需要的人，就偏离了轨道。把学生培养成国家所需要的人才，才是真正对学生们负责，对国家负责。

教育绝不能培养社会主义的破坏者和掘墓人。破坏者和掘墓人是哪些？贪官污吏、高科技犯罪、混入党内破坏党的形象的人。为什么从小必须教学生爱国？因为一旦培养出"长着中国脸、不是中国心、没有中国情、缺少中国味的人"，就是教育的失败，这些人有的可能考高分，有的可能考低分。教育关系到整个民族的危亡，这是教育的大是大非，不管公办还是民办学校，这就是底线。一家教育机构无论挣了多少钱，如果误了国家大事，该不该停掉？

在学校里，我跟老师们讲过我们学校的荣辱观：第一，作为教师，以不能为国家培养人才为耻；第二，作为教师，以所教之学生祸国殃民为耻。我们的办学得到了国家的支持，用的土地、资源都是国家的，将来华夏学校的毕业生不管去哪里，都不准祸国殃民。学生们高三毕业时，会给他们举行非常隆重的毕业典礼。他们在学校有很多照片都已经存档了，是为了将来回到母校有美好的回忆。如果将来他们到社会上祸国殃民，破坏自己的国家，我们能做的事：第一件，删除他在母校的所有记忆、所有照片，开除母校校籍。第二件，当初教过他的老师们要集体闭门思过，为什么给国家教出这么一个破坏者来，他害了多少人，难道没有我们的过错吗？

我们既然选择进入教育这个行业了，就算我们培养不出接班人，至少得培养出建设者，绝不能给国家培养破坏者和掘墓人，这个必须牢牢记住。没有这样的觉悟能把教育办好吗？不能只考虑升不升学、盈不盈利的问题，一时赚了钱出了名，可是耽误了国家的大事，不可以。

清嘉庆年间龚自珍说过这样的话："自康乾以来风气日颓，世有三等，治世、乱世、衰世，三等之世，各观其才可知，而今左无才相，右无才吏，阃无才将，庠序无才士；垄无才民，廛无才工，衢无才商。……起视其世，乱亦竟不远矣。"晚清的没落从什么时候开始的？从嘉庆，然后才是道光、咸丰、同治，到光绪已不可收拾，八国联军进北京，晚清丧权辱国，什么原因？天下无才，狂澜难挽。

新中国建立，我们有十大元帅、十大将军、开国上将 57 位、开国中将 177 位、开国少将 1360 位，将星如云。2018 年 5 月 28 日，习近平总书记在中国科学院第十九次院士大会、中国工程院第十四次院士大会上的讲话指出："世上一切事物中，人是最可宝贵的，一切创新成果都是人做出来的，硬实力、软实力归根到底要靠人才实力。"最重要的是什么？两个字，人才；四个字，杰出人才，这就是教育奋斗的方向。

党的教育方针里说："把立德树人作为教育的根本任务。"这就是未来的大趋势，教育就要朝这里改，以这里为方向，为目标，为趋势。那么一所学校怎样判断办得好还是不好？重点看这所学校在办学过程中是否贯彻落实了党的教育方针，是否实现了立德树人。这才是真正的评价标准。

未来什么样的学校能留下来？什么样的学校会被淘汰？如果用党的教育方针一比照，我们会发现，很多学校的问题其实很大。带着硬伤往前跑，能跑到2035年吗？

历史是向前变化的，变化是有规律的。什么规律？人们对美好生活的向往。我们的幸福要实现，我们的国家要富强。国家是大家共同的家园。江山代有人才出，谁也不要妄想犯我中华。教育就是要承担起这样的历史重任。

用党的教育方针来评价一所学校办得质量如何，标准就变得很清晰。为什么之前一直找不到发展方向，就是我们没有在党的教育方针上下功夫，这个方向可归纳成四个字——"立德树人"，这就是今后教育改革的大方向，也是我们教育的出路和机遇。

教育部发出文章说："如果说社会主义核心价值观是兴国之魂，那么立德树人作为教育的根本任务，就是深化教育领域综合改革之魂。"立德树人是魂，把教育方针浓缩成四个字，就是"立德树人"。

全国教育大会上说："把立德树人融入思想道德教育、文化知识教育、社会实践教育各环节，贯穿基础教育、职业教育、高等教育各领域，学科体系、教学体系、教材体系、管理体系要围绕这个目标来设计，教师要围绕这个目标来教，学生要围绕这个目标来学。凡是不利于实现这个目标的做法都要坚决改过来"。

一所学校如果能够坚定不移地落实立德树人，自然会迎来大发展。如下图：

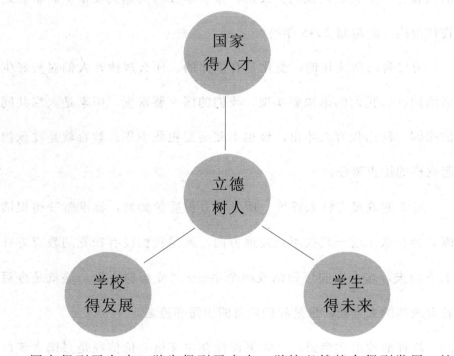

国家得到了人才，学生得到了未来，学校必然就会得到发展。这样的学校国家支不支持？这样的学校家长拥不拥护？这样的学校学生喜不喜欢？这就是未来教育要去开拓的路。

第二节　太阳谷（华夏）学校的探索

办一所学校，选择大于奋斗，如果选择错了，所有的奋斗到最后可能都归零。在选择过程中可能会出现不同的声音，甚至会有很多误解，可是最终掌舵的是你自己。2016年华夏学校建校之初，也很不成熟，定下一个方向，一直坚持走到今天。现在回头看，当初的抉择很重要，抉择使我们这些年所有的奋斗都变得很有意义，学校运营也变得很有效率。六年下来，从开始到现在，方向没有改变。

"立德树人主题展馆"是华夏学校贯彻党立德树人教育方针阶段性成果的展示，展馆里的学校理念学校每一个老师都要背下来，融化到了心里。因为那是我们一直坚持的道路：

传承中华文化，培养经世大才。

读书做圣贤，立志报家国。

融汇东西方教育之精华，实践中国传统教育思想。

以梦想点亮梦想，以心灵呵护心灵，以行动引领行动，以人生成就人生。

把我们的学生培养成国家之栋梁、民族之脊梁、百姓之依靠、人类之希望。

在学校里，学生第一，教师为本，这个原则一直坚持不动摇。

抉择很重要，办校期间虽然经历过很多困难，也有个别家长不理解，最后实践证明，这条路是对的。我们 2016 年创校，到 2018 年的时候学生就满额了，家长的支持率近乎百分之分，这让我们很感动。

教育所关注的是每个学生的人生，这是一个最基本的道理，也是一句良心话。所谓人生是什么？就是如何成才，如何幸福，也就是立德树人。成才、幸福、立德树人，这几个词可以画等号，教育最核心的就是这件大事情。

立德树人不是一个遥不可及的目标，一定有其可行的理论和体系。我们当初在思考，如何把立德树人做成体系，做成可以运行且可以复制的体系。幸福是真实的，成才是必须的，每一个教育人都应该为之努力。我们这一代人的责任，不就是托起下一代的未来吗？如果不能实现的话，我们所有的奋斗最后都会前功尽弃，不管我们攒有多少钱财最后我们都会坐吃山空，那才最痛苦呢！我们怎么教能够立德？我们怎么教能够树人？这就是当下教育要去苦苦追寻的答案。当这些最根本的问题找不到答案时，教育一定会失去最基本的判断标准。

华夏学校一直在搞教研，教研之前要定一个目标。搞数学教研，就问问怎么从数学教学中去立德树人？搞英语教研，就要问一问如何用英语教学去立德树人？背离了这个方向，这种教研意义何在？

有一次上语文课，下课后老师找我说："老师，您评一下课，这堂课上得怎么样？"我直接说："你教的这些应付考试可以，学生未来人生基本用不上，浪费了他们四十五分钟。"既没有立德，又没有树人，一堂课的真实质量不高。

教育是讲效率的，没有效率的教育必然耽误学生，但老师没有察觉。没有察觉是因为找不到最基本的判断标准，自己不知道做的对还是不对。每个学校都在宣讲自己的观点，但这些观点最终对于结果能不能负起责任？如果不以立德树人作为教育的根本方向，任何教育模式与方法中隐藏的利弊难以辨析。

这个行业出现过很多奇怪的现象，一方面在蓬勃发展，另一方面整个社会对教育满意度持续走低，每家教育机构都说自己好，但家长的抱怨声越来越大。甚至有的学生对上学产生恐惧心理，有一种无路可走的感觉。家长没有办法，花四五十万送学生到国外去读书，送到国外就是万全之策吗？第一，你没有机会学到中国文化了；第二，这名学生的根可能就断了。家长在国内很辛苦地挣钱，然后把钱全寄到国外，孩子去那里只能接受人家的教育。据不完全统计，目前在国外的中国学生有两百多万，如果去除正常的大学和读研，小学生、中学生的人数在一百万左右。假设一名学生一年花三十万到四十万，每年在这块有三千亿到四千亿的资金流出去了。为什么不是西方学生来中国呢？说明我们教育还有待提升。

教育要对学生负责任。当一个三十岁的青年人失业了，离婚了，那是一个家庭不能承受之重啊！几年前我采访过一位老父亲，他说："我很幸福，虽然身体有病，但是不用担心，因为我已经很知足了。"我请教他什么是幸福？他说："你看我有两个儿女，都有工作，都有家庭，夫妻都很和谐，子女都在健康成长，这不就很幸福吗？"哦！原来老父亲的幸福这么简单，儿女们工作顺利、婚姻和谐，满足这两条老人就觉得很幸福。

今天，这两条都保住了吗？我们的教育还在贴喜报，所谓的重点名校，培养了多少社会合格的建设者？培养了多少婚姻幸福的人？这些最基本的问题就这样被回避了。不以立德树人为标准，怎么去观察教育呢？

第三节　回归教育初心

今日学校之间的差距将越拉越大，形成这种差距的最根本原因，不是分数的高低，而是立德树人能力的比拼。谁能够落实立德树人，谁将赢得未来，这就是民心所向，这就是国家意志。

我们看看百年党史。党为什么能走过 100 年？因为党一直在做一件事，一件意义重大的事："为人民谋幸福"，100 年始终在做这一件事。从 1921 年到 1949 年，从二十世纪到二十一世纪，直到今天。我们的党尽管很艰辛，走过百年，却越走越好。

对照党史，一所学校怎么可以走过百年？那就是"为国家育人才，为学生谋幸福"。如果能坚持这两句话，这所学校也能走过百年。

对照党史，党在百年历史中历经曲折艰辛。1921年建党之初，我们党面临的困难很多，没人、没钱、没军队、没经验，什么都没有，只有一颗纯粹的初心——为人民谋幸福。这幸福的巨幅的长卷硬是被一笔一笔地画了出来，历时百年，中国人民站了起来、富了起来、强了起来，走了前人没有走过的路。党为什么能做到？因为方向正确，不忘初心，始终坚守使命。

百年党史在激励我们，作为教育者，不要因为一时的兴衰起伏就放弃正确的方向。我们今天办教育，先不要想我们怎么生存下去，而应该先问问自己，办学的初心是什么，办学的方向对不对，是否坚持在正确的道路上？如果方向对了，我们不会失败，同样可以跨越百年。如果方向错了，我们一定被淘汰。

如果有一天，一所学校倒闭了，谁造成的？是社会吗？是家长吗？是某个人吗？都不是。一定是自己的原因，有没有立德树人？有没有为国家育人才？为学生谋幸福？如果没有，应该取缔，大家同意吗？

为什么要坚持立德树人这个大方向？

第一，一个民族如果没有杰出人才，会怎么样？为什么钱学森先生会发出"钱学森之问"，他帮助我们跳出过去的分数、就业、个人、家庭这些局限，从更高的层面来看待教育。杰出人才就是国家的栋梁，

47

一个民族如果没有栋梁，命运会如何？这是"钱学森之问"的核心所指。

1945年日本战败，他们用30年在一片废墟上把经济冲到世界第二。1991年苏联解体，经历了30年，俄罗斯的GDP还不如广东。其中一个很主要的原因——杰出人才的有无。日本战后在经济领域出现了"经营四圣"，松下幸之助、稻盛和夫、本田宗一郎、盛田昭夫，可谓商业人才辈出。他们又提出50年内培养30位诺贝尔奖得主的目标，进入21世纪这最初20年里，平均每年获得1枚诺贝尔自然科学奖奖牌。科技人才、商业人才的大量涌现，支撑起日本的经济复苏。

2014年我在日本见到了稻盛和夫先生，他一生创办了两家世界五百强公司，拯救了濒临破产的日航，他是日本难得的商业奇才。华夏学校初中因此成立了经世商学社团，学生们自愿报名，从初一开始学经济，学企业管理，看《活法》《干法》《稻盛先生自传》等书。从13岁开始培养他们，用10年为国家培养出自己的经济与商业人才。

北京大学章启群教授在文章中说："考察今天美国的情况，可能会让我们更为警策，更加清醒。除经济总量之外，美国在军事、科技、管理、教育、文化等众多领域均领先于世界各国。支撑这个世界第一领跑能力的当然是实力。而无论是硬实力还是软实力的背后，不言而喻是人才。从每年获得诺贝尔奖各种奖项的人数，以及世界科技新闻，就可以看出美国巨大、雄厚的人才实力。同样，在文化、体育、艺术、学术等方面，美国也具有巨大的人才储备。人才由教育培养出来。人才的培养大约是 30 年一代人。今日在校学生到 2049 年时则为中国社会中坚。从这个角度省察中国今日的教育能否为此承担历史重任，是刻不容缓的战略思考。"

当务之急，国家为重，少谈几个观点，多做几件实事。经常有人问我，你的学生将来毕业去哪个大学？我不关心这个，只关心他们将来能不能在各个领域撑起一片天，上一本也好，二本也好，学成报效祖国最好。有国才有家，国与家都需要栋梁支撑，我们要做一个明白的、清醒的教育人。

第四节　不搞淘汰赛

教育可以搞淘汰赛吗？把一部分学生淘汰？陶行知先生说："教育工作中 1% 的废品就会使国家遭受严重的损失。"

世界上在教育方面搞淘汰赛的国家，最终都会导致社会阶级分层。富人的学生上名校，低收入家庭的学生很少有机会接受到良好的教育，最后只能处于社会底层。教育的分化导致社会的分裂。

作为教育人，我们要非常清楚，教育不能搞淘汰赛。一旦淘汰，就会有很多隐患，社会将走向分化，淘汰制是在给国家制造问题。那些被淘汰的少年很容易变成问题少年、暴力青年。教育不能走这个路，学生不管成绩高低，天赋如何，只要进了校园，就要为他们谋一条出路。

华夏学校的学生很自信，他们中很多成绩其实也挺一般，但依然自信。他们有的学习成绩特别好，有的学习成绩确实很一般，因为学校不搞淘汰赛，每个人的心灵没有因为成绩而受伤害。淘汰制是对学生的伤害。考试排名，有几个考得好的学生被鼓励到了，可是垫底的学生可能就完了，他们会被提前贴上"差生"的标签，慢慢变成"问题少年"。

华夏学校培养一名学生花费很大，一般学校师资配比1∶16，而我们要高几倍。有人问道，这里是贵族学校吗？不是，为什么？华夏学校的学生从小受的是心性教育，将来他们的担子很重，他们不能占国家便宜，而是来承担更重的社会责任。他们从小享受到了不一样的教育，长大后要为社会奉献更多。所谓社会精英，绝不可以成为利己主义者，否则社会将走向更大的黑洞。

朱光潜先生当年说过："国家民族如果没有出路，个人就绝不会有出路，要替个人谋出路，必须先替国家民族谋出路。"放眼当下的教育，办学的最高标准是为国家培养杰出人才，最低标准是不出"问题少年"，别把问题扔给社会。每一所学校要先替国家打算，如果不为国家找出路，自己的学校就没出路。

有些学校为什么看不到出路？因为只想着自己，所以迷茫。我们和国家是命运共同体，命运共同体就要同舟共济。

今天我们回看教育改革，论分数也罢，不论分数也罢，减负也罢，不减负也罢，课外补习也罢，不补习也罢，如果最终不能实现立德树人，所有的调整都只能让问题得到暂时性缓解，减负的最终目的还是育人。

教育改革的脚步为什么没有停止？因为还没有完成立德树人的根本任务，在这之前都是序曲。为什么要减负、取缔补习班？把那些障碍先扫除，最终全力以赴抓"立德树人"，这才是教育改革真正要走的路。

有人追问，到底补习还是不补习？减负还是不减负？论分数不论分数？如果弄明白了立德树人，答案都清晰了，该减就减，该不论就不论，一切要按照是否能立德树人来考量，否则永远没有答案。

教育的方向如果偏离了，对社会危害就很大。习近平总书记在2018年全国教育大会上明确提出来反对"五唯"——唯分数、唯升学、唯文凭、唯论文、唯帽子这五种教育跑偏的现象，其中唯分数论首当其冲。唯分数论有三个大弊端：

第一，它误导了一批学生。10%左右的学生一直以高分占据学校排名的前列，而其内在真正的德才未必名副其实，最终没能成为社会的杰出人才，这是对人才的浪费。本来这批学生很可能成为钱学森、华罗庚，但他们只拿到一些分数、几个证书、进了一家世界五百强工作，很可惜。他们是极优秀的被耽误的一批学生，但是自己不知道，家长不知道，学校不知道，更耽误了国家杰出人才的培养。所以重点高中真正的奋斗目标，不应是清北、哈佛，而应是院士，是诺贝尔奖。

第二，淘汰了一批学生。10%—30%的成绩排名靠后的学生，因为分数而自卑、厌学，对未来不抱希望，最后变为"问题少年"。其实这批学生可以不淘汰的，是学校对他们进行了错误的评判。如果学校放下语、数、英的评判，他们将来一样可以成为优秀的人，因此这些学生完全是被社会贴错了标签。

差生是一个伪命题。尤其小学的学生，这个标签一旦贴上就不容易翻身。我们人为地制造了很多差生，也伤害了很多家庭，这种评价是不准确、不公平的。

第三，因为过于强调分数，德育和体育就成为空谈。德育、体育因为和分数无关，时间被强行挤占，最后造成德不足、体不足的现实问题。所以有些学生德行上不来，体质很差，很大原因是时间被分数完全侵占了。很多朋友会问："如果没有分数，上不了大学怎么办？"有方法，后面会说到。

如果我们走立德树人道路的话：

第一，可以成就一批学生。让天赋高的少年全面发展，尽情绽放，成为未来社会的杰出人才。数学好的当数学家，物理好的当物理学家，文学好的当文学家，政治好的当政治家，外交好的当外交家。发挥天赋，目标高远，多好啊，国家特别需要。

第二，保护了一批学生。部分学生虽然成绩一般，通过立德树人发挥特长，也能成为社会的有用人才。不必在意成绩，只要发挥出特长就可以。

第三，德、智、体、美、劳全面发展，让人人都成为社会主义建设者和接班人，这是教育大路。这条大路对下一代是一种保护，上不封顶，下能兜底，不淘汰，全成才。一个班里既可以有"三钱"，也可以有郭明义、雷锋，多么美好。人人都拥有幸福的人生，这条路完全可以走得通，就看我们敢不敢干。要想走通这条路，必须回答一个根本问题：如何立德树人？这是一个极其专业的话题。

第五节　幸福一定能实现

教育家苏霍姆林斯基曾经说：教学大纲和教科书规定了给予学生的各种知识，但是却没有规定给予学生最重要的一种东西，这就是幸福。我们的教育信念应该是，培养真正的人，让每一个从自己手里培养出来的人，都能幸福地度过自己的一生！

办教育要做什么，培养真正的人！让每一个从校园走出去的孩子，都能够幸福地度过自己的一生。这就是衡量教育优劣的一把尺子。

那么，幸福到底是什么？怎么实现呢？

在中国文化中，幸福可以分三个层面：生存、生活、生命。

第一，生存。生存是幸福必备的基础，离了生存，食不饱腹，衣不蔽体，无幸福可言。今天的家长，最担心的也是孩子的生存问题，把找工作挣工资当作头等大事。那么，生存是怎么实现的呢？它有三个关键要素：品德、健康、专业。

品德就是品性和，职业道德，这一点在老一代职业人身上最能体现出来，他们敬业爱岗，勤勤恳恳，廉洁忠诚，值得今天的年轻人学习。哪个单位都不养懒人，不养小人。品德不好，没有领导会重用他。

健康就是要有一个好身体，能够应付正常的工作劳动。上到国家领导，下到基层工人，做什么工作都要有好身体。

专业放在最后说，这个看着很难，其实不难。比如，一份工作要求要会使用电脑，而电脑三个月基本就可以学会，这时就可以谋到这份工作。学理发，半年学会，三年可以做到高级技师，月工资也很可观。如果想做工程师，就要考大学，学技术。如果想做院士，做科学家，就要付出持续多年的努力。不管什么职业，能够达到专业化，就可以衣食无忧了。

为什么大学生毕业找工作有时还不如一个焊工，不是因为学历，是专业的问题。一个人不能为社会创造价值，成为社会的包袱，早晚会被淘汰。现在一些年轻人不注重自身专业的培养，一味地托关系找铁饭碗，仔细想想，铁饭碗是靠人家施舍来的吗？

《管子》说："君子所审者三，一曰德不当其位，二曰功不当其禄，三曰能不当其官，此三者，治乱之原也。"有的青年只想求位、求禄、求官，却没有向内审德、审功、思能，这样下去，纵使靠一些特殊关系暂时得了一些禄位，也不会长久，如果德不当其位，工资、位子后来就保不住。真正的铁饭碗，是一身好本事。工业、农业、服务业，行行有专业，只要用心学，不管是通过大学、技校，还是社会渠道，学会用好，就能一辈子衣食无忧。

人工智能时代已经到来，对于各行业冲击很大，行业格局将发生重大变化。年轻人选择专业须更加慎重，必须考虑到哪些工作会被机器人代替，哪些工作人的优势更加明显，更有未来。目光要长远，要仔细掂量。

当代大学生就业为什么难？三个要素都不足。品德，一般；身体，一般；专业，一般。手里只有几个证，只会考试，应聘面试时没有什么突出的地方，没有动手能力，当然就业难。或者就了业，也常常令用人单位很失望。他们所受过的教育，所学非所用，所用非所学，前后链接不上。家长的认知误区和学校的教学体系同样可能酿成这个苦果。

第二，生活。生活的幸福是什么？有两个重要组成部分，一是人际伦常；二是生活情趣。

首先看人伦。人生有五伦，父子、兄弟、夫妻、朋友、君臣，缺了哪一伦，人都不会幸福。特别是夫妻关系，如果婚姻不好，大半辈子都会活在痛苦中，家庭矛盾让人一生痛苦不堪。

五伦往深了看，其实是一个人的情义。情义，其实是一种幸福。你和父母的情义，让你很幸福；你和爱人的情义，让你很幸福。你和朋友的情义，让你很幸福；你和老师的情义，让你很幸福；你和祖国的情义，让你很幸福；有情有义，才会品尝生活的滋味。在社会没有朋友往来，在家里没有亲情围绕，人生怎么会幸福呢？

生活情趣，就是要学会自得其乐，如琴棋书画，这是古人的生活方式，可以选取其中的一种或几种爱好，作为生活的调节剂。有生活情趣的人，心放松，不寂寞。一首诗写完，无论过程还是结果，都挺乐。古代的帝王将相那么忙，他们中也不乏诗词书画高手。烦恼、情绪人人有，怎么排解，古人想出了办法——弹琴、写诗，烦恼自然就过去了。尤其是当我们退休以后，如果没有生活情趣，就会很无聊。

现代年轻人如此迷恋网络，原因之一就是从小没有培养正确的生活情趣，弹琴、插花、品茶、美食，什么都不会，只会玩手机。

第三，生命。构成生命世界的幸福是什么？有三点要素。

要素一，读书明理。这里的明理，明的是人生之理，拨云见日，破迷开悟，得乎道而喜，其喜曷已，不再那么迷惘，多么令人向往。

古人说，至乐莫如读书。宋代周敦颐在《暮春即事》里写道："双双瓦雀行书案，点点杨花入砚池。间坐小窗读周易，不知春去几多时。"多惬意啊。古人读书为什么会快乐呢？人活着都想活个明明白白，一旦从一本好书中找到了人生答案，那种喜悦无法言语。听到一堂好课也是这样，闻君一席话，胜读十年书，一天下来，不知不觉就很幸福。

要素二，梦想和希望。没有梦想的日子，看似快乐，其实痛苦；有梦想的日子，看似痛苦，其实很快乐。梦想虽然还没有实现，在实现的路上就已经能体会到幸福了。普通百姓过生活过个什么，过希望，有希望就有奔头。看着日子一天好起来，看着孩子一天天在变化，成人成才，家庭充满了希望。这就是人类的精神生活。

要素三，积善养心。当我们能够帮助他人时，就很幸福。行善最乐，看到别人困难解决了，不再烦恼了，我们内心也是满满的喜悦。每一次去养老院，幸福的不只是老人，还有我们自己。

在《钢铁是怎样炼成的》一书中，保尔·柯察金说："一个人的生命是应该这样度过的：当他回首往事的时候，不因虚度年华而悔恨，也不因碌碌无为而羞耻。这样在临死的时候，他才能够说：'我的生命和全部的经历都献给世界上最壮丽的事业——为人类的解放而斗争。'"这就是幸福的感受。

自私的人，利他的人，谁更快乐？一定是利他的人，所有世间乐，悉从利他生。当我们的心性提升了，私心越来越少时，就会越来越幸福，每天乐呵呵的。

古人说的"明明德""致良知""回归本性"，都指向心性，都指向幸福，要不怎么人人都要"读书志在圣贤"呢？圣贤是世间最幸福的人。

反之，精神世界的痛苦怎么来的？来源也有三个。

一是愚痴。糊里糊涂过一辈子，遇到事情就很迷茫，迷茫是一种痛苦，最后只能用麻木或者逃避来打发时间。

二是无望无聊。看不到希望，看不到未来，或者自暴自弃，或者无所事事。生活条件优越了，很多少年为什么还会那么痛苦，因为没有人生的方向，没有精神的家园，在无聊中自我折磨，自虐，发泄。

三是自私自利。心性越低的人越痛苦，整天愁眉苦脸，苦巴巴的。他们只能感受到自己的烦恼，却看不到自己的自私。想得到，怕失去。对于自己的利益看得很重，大部分时间是愁苦的，即使欲望得到满足而一时快乐，这种快乐很快也会过去。古人说：得乎欲而喜，悲可立俟。越自私的人，越不懂感恩，越不知足，感知幸福的能力也越弱。自私是大烦恼，这种烦恼产生后，甚至能把人逼疯。

到这里我们总结一下，想给孩子们一生幸福，有哪些功课要备足呢？

道德品质、健康身体、专业能力；

伦常和情义、良好的情趣爱好；

明理、有梦想、乐善、心性好。

看完这张清单，我们就明白为什么现在的孩子不幸福了。九项内容里，他们拥有几项呢？有的孩子只有一两项，有的孩子可能连这一项都没有。

"让每一个从自己手里培养出来的人，都能幸福地度过自己的一生！"用十二年来完成三大类九项任务，时间够用吗？足够。为什么没能实现？因为没有按照这个清单来设计。

教育，能够让孩子们一生幸福吗？答，完全能！

有梦不怕路远，接下来就看我们这一代人的决心了。

第五章　探索之路

第一节　在历史中沉思

我们所在的这座城市大连，近代史上曾经被两个国家占领过，日本占了四十多年，俄罗斯累计前后占了将近十七年。日俄战争期间，中国人民蒙受极大的灾难，遭到空前的浩劫。许多人冤死在两国侵略者的炮火之下，惨遭杀害。"自旅顺迤北，直至边墙内外，凡属俄日大军经过处，纵横千里，几同赤地"，那是一个非常屈辱的时代。

每年的明师工程研修班我们会拿出一周学历史，主要学近代史，从晚清到辛亥，从 1921 到 1949，一百多年的历史不敢忘记。今天我们回头看历史，"忘记过去的苦难可能招致未来的灾祸"。

教育关系到一个家族的命运、一个民族的命运。如果我们办不好教育，历史会不会重演？

2016 年 8 月 28 日，太阳谷（华夏）学校创立了。最开始学校的

使命是"传承中华文化，培养经世大才"。想要继承南怀瑾先生和钱学森先生两位先生的心愿，把中华文化传下来，为国家培养杰出人才。2018 年全国教育大会召开，全校教师坐下来学习大会精神，对照之后更加充满信心，觉得这条路走对了，于是学校增加了新的使命："研发育人体系，助力教育改革"。

为什么充满信心？我们认为，一个坚定贯彻党的教育方针的学校，一个能够立德树人的学校，这种学校应该一直存在下去。所以，我们不担心学校发展，只是在认真考虑如何为国家培养人才。教育有路吗？有路。没路也得闯出一条路来。立德树人容易吗？不容易也得干，只要方向正确，就不怕没有路，只要方向正确，就不怕路远。就像我们的党一样，坚持正确的宗旨，就能够走过百年。经过这几年的教育实践，看到学生们的成长状态，我们对"立德树人"的教育理念越来越有信心，坚信这条路走对了。

实践中的经验告诉我们，想要立德树人，就要运用中华优秀的传统文化，为什么？我们学习过很多西方教育家的思想，尤其是教育家苏霍姆林斯基，对我们的影响很大。但是，放在整个人类历史看，只有这些思想还不够。中国的教育只能走中国的路！因为中国太大了，一般教育家的思想无法把这个国家的教育使命给托起来，就如同用轻型卡车装不下百吨的货物一样。今天的中国教育，关系到一个 14 亿人口大国的崛起，关系到一个民族的命运，所使用的教育思想如果不是人类最巅峰的思想，怕是完不成这项艰巨任务。

在这所学校初创时我就在思考，想要为国家培养"经世大才"，只能寻找人类最深厚、最巅峰的思想。纵观人类历史，在世界所有教育家中，孔夫子是站在前面的，位居世界十大文化名人之首，这个荣耀是由他对人类的贡献决定的。

中国人是理性的，中华民族是睿智的，这个民族饱经沧桑而不倒，历经战火而不衰，必有其因。如果我们能用历史眼光看待事物发展，就会做出正确判断。不用历史眼光就会落入个人观点。么叫历史眼光？虽然我没有深入了解孔夫子，但是我觉得一个人能千年屹立，世人敬仰，必有其因。我们只知道他是大思想家，其实孔夫子同样是大教育家，门下弟子三千，十哲两圣七十二贤，育人有方，桃李天下。我们在山东拜祭孔子时，看到子贡为他的老师庐墓六年，肃然起敬。孟子的弟子乐正克写下教育名篇《学记》，我们从中依然能看到儒家在教育领域的思想高度。

运用什么样的教育思想，决定教育的质量高度。所以在"立德树人"的体系当中，建议使用中华传统文化奠定思想基础，然后在学科教学上融入现代文明，这样的模式相对合理。

2014年我到日本拜访稻盛和夫先生，稻盛先生毕业于日本鹿儿岛大学，学历不算很高。78岁高龄的他出山拯救濒临破产的日本航空。当年的日本航空企业也是世界五百强，五万名员工队伍里什么样的高学历人才都有，就是自救无力。稻盛先生去了以后不到三年时间日航重生。这个故事给了我很多反思，我们到底要教出什么样的学生？是要培养很多等待被人拯救的"高学历人才"，还是要培养出能够拯救日航的"稻盛和夫"？

稻盛和夫先生说："我努力学习孔子、孟子、阳明哲学等中国古代典籍，同时钻研佛陀教诲的宗教精华，努力把这些圣贤们的哲学根植于自己心中。"

一家企业，五万个家庭，几千亿的资产，如果破产倒闭，损失会有多大？贵州独山县400亿的投资，就这样成了"烂尾"，为什么启动不起来？归根到底，人不行。

总书记说："我们比历史上任何时期都更加接近实现中华民族伟大复兴的宏伟目标，也比历史上任何时期都更加渴求人才。实现我们的奋斗目标，高水平科技自立自强是关键。综合国力竞争说到底是人才竞争。"在国家命运面前，又到了审问我们这代人的担当时候。它不只是一所学校的功过得失，而是立德树人这条路能不能冲得出来。

教育为什么这么艰难？要想找到路，首先得找回精气神。争论不解决问题，实践才能出真知。传统文化好不好，立德树人能不能实现，做一做试试看，能成才、能幸福的就好，不能成才、不能幸福的就值得怀疑。要走实践路线，凭我们个人一己之智，来不及，做不到。所以只能一次又一次地回到往圣绝学里去寻找答案，经过千年的历史沉淀，这是最可靠的，往圣的绝学里有我们想要的答案。

一次中科院教研所的朋友来华夏调研，问我说："李老师，你们这所学校好像有一些秘密，你的学生让我很震撼又很振奋。"我说："是的，这个秘密就是中华优秀传统文化。"关于中华优秀传统，中央一直在大力推，民间一直有争议，怎么办？做就好了。原子弹也不是一次就造成的，卫星上天不管发射多少次，一旦成功了就算赢。

端午节的时候我写了一首关于屈原的短诗：

汨罗江畔哀民生，楚辞一出百世惊。

王侯豪客无计数，唯有屈子留其名。

屈原是楚国的大夫，两千多年来后人设立一个节日来纪念他，那个时代有那么多大夫，为什么大家唯独纪念他呢？其实纪念的是他的精神——爱国精神。如果一个民族都不爱国了，会怎样？会亡国。纪念一个人是为了继承一种精神。继承一种精神，捍卫一个民族，所以这个民族走过了两千五百年！这就是这个民族的大智慧。

今天我们纪念的孔夫子提出了仁爱的思想，仁者爱人。这种精神被一以贯之传承下来，因为仁者爱人，今天我们会扶危济困，家国天下。当一个民族的精英阶层都变得很自私时，社会会走向何方？

什么叫命运共同体？强者离不开弱者，弱者离不开强者。水能载舟，亦能覆舟。当强者抛弃弱者时，强者也无法自保。所以，有能力的人必须要站出来担当大任。只有这样，民族才不会走向衰退。

在这个大时空下，我们谈教育、谈钱学森之问，谈杰出人才，如果没有这种历史的厚重感，我们谈不清楚，教育甚至成了赚钱工具。你能看见多远，就能走多远，每个人都在做着个人的选择。

比如疫情来了，某作家所谓的言论在网上炒得很热，可是转眼一年的时间，就被历史遗忘，这就是现实。历史无情，历史又有情，在这样的历史大潮中，我们要知道自己应该站在哪个位上，有着什么样的追求。哪怕是一名普通教师，一所小学的校长，一样可以保持你的情怀。

今天我们纪念孔夫子，不会有人讨论夫子能挣多少钱，因为历史不看这些，历史只看他对人类社会的贡献。

不读历史，就没有忧患意识，甚至对忧患会抱一种胆怯、嘲笑、讥讽、不理解的态度。建党百年历史，其中许多道理值得我们深悟。

第二节　改革需要勇气

民间的呼声很大，为什么教育一直在走老路？曾国藩曾经说过："因循二事，误尽一生。鼓舞精神，方破此弊。"什么是因循？没有随时代变化而变化。从 1949 到 1977，从 1977 到 2021，第二个百年计划已吹响了号角。整个大时代在变，教育应该与时俱进，与时偕行。如果不思改变，就是因循。

我们所习惯的未必都是对的，它只是被约定俗成了，所以难以突破。学生习惯了分数，习惯了这样的考试模式，习惯了留作业，甚至习惯了补习。教育中某一行为一旦成为习惯，人们就会慢慢失去改变它的勇气。

中国教育要改革，这种改革是时代的必然趋势。比如小学教材，要跟着时代走。袁隆平先生去世的这一周，我们要学什么？袁隆平精神。下一周学校又要学什么？学建党啊。7 月 1 号全校集中看中央直播，那一天，最合理的教学安排就是学建党。

袁隆平先生过世那天是周六。周一我们升旗仪式改成了降半旗，学生们看电影、写作文，晚上我给他们上课，《先生的背影》。那天刚好有朋友过来参观，看到学生们在看电影《袁隆平》，提醒我说："李老师，总看电影，你们的语、数、英能跟上吗？"后来看了我们的课表，"你们学校有数学课啊，那就好。"朋友觉得我们看电影好像不太对。

大家想一想，在那样一个周一，袁先生刚刚过世，最适合的教学是语、数、英，还是学习袁隆平先生？袁隆平先生身上有太多值得学生们学的了。如果学生长大后都能像袁隆平先生那样，我们"赚"大了。"当其可之谓时"，教育都是讲时机的，什么时候学都没有那个时候学最真切，所以宁可把课程停掉。事实证明，那一天学生们的成长非常大，一生难忘。

接下来的一周，学校里老师们的父母来参观，我们把学生们下午的课程暂停下来，带领他们和长辈们互动。为什么呢？教者，上所施下所效也，学生们学孝道要跟谁学？跟自己的老师学。所以，当老师们孝敬自己的爸妈，学生们在旁边一看就学会了。"少成若天性，习惯成自然"，在学生内心世界种下了种子，觉得孝是分内的，孝是常态，因为他们看到了自己老师的身影。所以那个珍贵的下午我们必须留出时间让学生们参与进来。

华夏学校做了很多改革，除了一般的教材以外，一直在与时俱进。今天的教育被"因循"害得很惨，2018年全国教育大会已经发出了"破五唯"的号召，反对唯分数、唯升学、唯文凭、唯论文、唯帽子，可到了2019、2020年，大量资本还在往教培行业里投，这不就是逆势而行吗？我们的教育为什么改不动，背后的思想很牢固，一道无形的枷锁把自己锁住了，眼看着问题不断出现，却不敢越雷池一步，不能求真务实。语、数、英，一张课表用了40年，为什么不能变化一下？到底应该教什么？到底应该怎么教？什么是教育本来的样子？这个时候，不鼓足勇气是不行的。

有人认为，改革有风险，不改革很保险，真的保险吗？我们过于求安全，在求安全中已经危机四伏了。这是一个急需要解放思想、实事求是的时代。

那么，立德树人是一条什么样的道路呢？

立德告诉你：人人皆本善，人人可成德；

树人告诉你：人人皆是材，人人可成才。

"立德树人"里没有淘汰赛，它追求的是每个学生都要有德，都要成才。在奔向美好生活的大路上，不能丢掉任何一个人，这才是中国特色的社会主义的优越性。

第三节　光辉历史在激励我们

立德树人这条道路行得通吗？我们来看几个案例。第一个案例是岳麓书院，很多湖南的朋友一定熟悉。

人才辈出的岳麓书院

岳麓书院占地不大，但是培养出的人才都是历史上的重要人物，政治家、哲学家、思想家、教育家……

彭龟年：太学博士、吏部侍郎，卒后谥忠肃，湖湘学派代表人物。

游九功：刑部侍郎，谥庄简。

胡大时：湖湘学派奠基人胡宏的儿子，南宋教育家张栻门生中的首领。

吴猎：敷文阁直学士，四川安抚制置使兼知成都府。

王夫之：哲学家、思想家。

陶澍：两江总督、太子少保。

彭浚：嘉庆十年（1805 年）状元，内阁侍读学士、太仆寺少卿。

贺长龄：贵州巡抚、云贵总督。

曾国藩：湘军的创立者和统帅，历任两江总督、直隶总督、武英殿大学士。

左宗棠：湘军重要首领，领军收复新疆，历任两江总督兼南洋通商大臣。

胡林翼：湘军重要首领，湖北巡抚，卒后被追授为太子少保，兵部侍郎。

刘长佑：湘军重要首领，历任广西巡抚，闽广、直隶总督，广东巡抚、云贵总督。

曾国荃：湘军重要首领，历任陕甘、两广总督、礼部尚书、两广总督兼通商大臣。

刘坤一：湘军重要首领，历任江西巡抚、两广总督、两江总督、钦差大臣。

刘蓉：湘军重要首领，陕西巡抚。

郭嵩焘：中国历史上第一位外交大使。

唐才常：维新变法的重要人物，自立军起义领袖。熊希龄：北洋政府国务总理。

杨昌济：著名教育家，毛泽东岳父。

范源濂：北洋政府教育总长，北京师范大学首任校长。

程潜：湖南省主席、湖南省省长、全国人大常委会副委员长。

弘一大师说："不让今人，是谓无量；不让古人，是谓有志。"这个书院既然在中国，今天的我们要不要继承？古人都已经做出榜样来了，我们怎么就做不出来呢？要敢于向古人学习，超越他们。作为他们的后世子孙，我们今天就要有这种雄心。岳麓书院门前的对联写道："惟楚有材，于斯为盛"，很有气魄。看完这八个字后我们非常仰慕，于是想，我们的院子里也要写点什么，于是就有了"门前若无桃李，羞说教书育人"的对联。到了夫子像那里，我们取了《尚书》里的话："克昌厥后，斯文在兹"。今天我们办学校要保持文化自信，教育自信，向前人学习。

号称"中国教育的珠穆朗玛"西南联合大学办了8年，是北大、

西南联合大学

清华和南开三所学校联合的，三个校长，张伯苓、蒋梦麟和梅贻琦。因为当时战乱，1937年到1945年从北京搬到了云南昆明。8年时间，这所学校一共毕业了3882名学生，走出了两位诺贝尔奖获得者、4位国家最高科学技术奖获得者、8位两弹一星功勋获得者、171位两院院士及100多位人文大师，惊叹！

我去西南联大的旧址，在展馆二楼看到墙上的那些名字时，久久驻足，仰怀不已，教育怎么能做到如此的高度？那么穷的地方，却办出那么好的学校。今天我们什么都有了，怎么就办不出来了呢？

从晚清到辛亥革命，中华民国，我国的科技严重落后于西方。那时很多的有识之士都在办教育，历尽艰辛。当时中国的人口有4亿，在一个物质生活如此匮乏的时代，中国崛起了一批好大学，像西南联大、黄埔军校，还有毛主席曾经读书的湖南第一师范学院。这些学校人才辈出，有政治家，像毛泽东、周恩来；有科学家，像"三钱"；有军事家，像黄埔军校毕业的众多将领。还有文学家、思想家、艺术家，各类人才都出现了，短短的半个世纪办学，教育硬是把一个民族给撑起来了。

回顾中国的历史，常常让人热血沸腾。1913 年，20 岁的毛泽东走进了湖南第一师范学院。在历史关键的时候学校培养出了毛泽东、蔡和森这些民族脊梁。

我去过延安，共产党在延安办了多少学校呢？累计 30 多所。著名的像延安大学、中国人民抗日军政大学。有的学校甚至没有教室，户外教学，没有粉笔就拿石灰写。中华人民共和国建国的元勋、将领们，大多是延安培养出来的。这个教育办得让人佩服，让人感叹。去了延安之后，我在想，一所学校要是培养不出人才来，是不是就会失去？

在延安时期，我们党只用了 13 年，就将队伍从 4—5 万扩大到 120 万。1946 年国民党反动派撕毁停战协定，悍然对解放区发动全面进攻。中国人民解放军以 170 万人兵力面对国民党军 420 万人的兵力，开始了伟大的人民解放战争。从抗日战争到解放战争，我们党在如此艰苦的环境下，培养出了那么多人才。

从岳麓书院，到西南联大，再到延大，我们拥有这么辉煌的教育史，相比之下，今天，我们办教育条件太优越了，高楼大厦，互联网，图书馆，实验设备……

这些历史给我们很多的反思。孙中山先生在《建国方略》里讲过："吾心信其可行，则移山填海之难，终有成功之日；吾心信其不可行，

则反掌折枝之易，亦无收效之期也。"如果我们相信教育强国之路是能行得通的，哪怕是移山填海，也会有成功的那一天。如果我们自己没有信心，认为不可行，哪怕是折枝之易都做不到。

今天的教育成果是对我们这一代教育人的拷问与证明。要么在证明我们的骨气与热血，要么在证明我们的无能与自私。他们成为杰出人才，我们就是有理想有智慧的一代教育人。他们辍学失业了，我们就是能力不足的一代教育人，如此我们就不应该受人尊敬。

陶行知是教师，我们也是教师，我们要立志向他学习。当校长不算什么官，但是干好了，就可以成为教育家，什么是教育家？如果你的学生里出了几位院士，几位诺贝尔奖获得者，几位造福一方的好省长、好市长、好县长，你就是实至名归的教育家。

是不是教育家，要靠学生来证明，每个老师都可以成为教育家。为国育才，这是作为老师的尊严，如果有问我们，你有什么专业特长？我们就大声回答，本人最擅长的就是"立德树人"，这样的人生多美好啊！

第四节　立德树人是系统工程

关于立德树人，教育者至少有四个方面需要探索，它是一个系统化工程。第一，不搞理论研究不行，必须建立它的理论。即立德树人所依据的理论到底是什么？一名学生在接受十六年的教育之后为什么能成才？中国是一个重视思想的国度，没有理论指导的实践是盲目的实践。无论是岳麓书院还是西南联大，一定有它翔实的教育理论，理论必须先行。

第二，必须建立它的课程体系。有了系统理论以后，不落实到课程中也无法操作。立德有立德的课，树人有树人的课。我们国家在上个世纪初为什么科技落后？因为在原来的科举制度里没有理工类的课程。为了把科技追赶回来，我们建立了数、理、化教学，科技渐渐赶上来了。

同样道理，为什么在很多高校里学生们西化得这么严重，看一看课程配比就知道了。在他们所学的课程中，东方文化和西方文化配比不对等。比如目前我们小学的课程里，英语占了1/3，语文本应该是学习东方文化的主要课程，但事实又并不如此。当一名学生学完语、数、英、生、物、化的时候，他所接触的人物主要是西方的，在大脑中本能地已经开始对西方产生了崇拜，因为从小装进大脑的都是这些。

这是一个全球化的时代，我们的确应该向人类一切先进的文明学习，但是不能贬低自己的民族。至少在课程配比上，东西方文化的课程要相对等，或者偏东方文化的课程稍多一点，否则容易把自己民族的文化自信丢掉。传统文化进入校园，怎么进？把它变成正式的课程，像语、数、英一样，有同等重要地位。拿多少时间学英语，就可以拿

多少时间学《论语》《大学》《中庸》。

第三，方法。立德树人是讲求方法的，它不能走传统的知识教学路线。这几年不管搞什么最后成了知识教学，知识学过了就忘。什么叫知识教学，考党的教育方针，填空：实施_____教育（素质）；培养_____接班人（德、智、体、美、劳）。空是填上来了，可是理解了吗？如果连德育教育也要走知识化，这是严重的失误。立德树人必须有它的专业方法，不能靠考试刷题。刷题是应对应试考试而不得不使用的方法，不符合原理。

第四，要为它配上对等的师资。需要有懂得立德树人的专业师资。目前师范大学正在改革，改革的方向就是要为学校培养出能够立德树人的专业老师。

自利者利他，自达者达人。作为教师，要求首先立自己的德，树自己的人。这些年大家一直在研究怎么教学生，却忘了怎么教自己，不教自己怎么能行。

"立德树人"的口号很多年，为什么落实起来这么艰难？理论、课程、方法、师资每一项都需要到位。西南联大虽然住的是草房，可它办学的思想有完整的课程体系、教学方法，最难得的是那批资历深厚的教授，张伯苓、蒋梦麟等都是大教育家。一批非常优秀的老师在那里聚集着。梅贻琦说："所谓大学者，非谓有大楼之谓也，有大师之谓也。"

我们今天硬件条件虽然好了，关键条件还远远不足，要拿出拓荒的精神，探索理论，设计课程，研究方法，培育师资。吾心信其可行，则移山填海之难，终有成功之日。

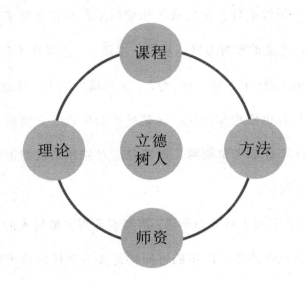

第六章　如何立德

第一节　德的内涵

什么是德?

我们中国人有一个俗语叫"仁者见仁,智者见智",关于德,仁和智这两种理解都是合理的。

所谓见仁,说的是德的仁爱、利他、慈悲,一颗善良的心,表现为好人好事。美德,这个我们在生活中很常见。

所谓见智,说的就是智德,智德与道相关联,依道而行而成为德,这个德直接关系到人的命运。智者必有德,为什么呢?因为他知道,如果想获得美好的幸福,必须有德,因为无德不能实现。

在文化盛行的时代,德的两种内涵——仁德与智德——都能够表现出来,而且相辅相成。当文化衰落以后,社会上渐渐只能剩一种德,仁德。人们对于德会产生很多误解,认为德有也行,没有也行,不是很重要。甚至还认为总做好人会被别人欺负。这些观念都是因为没有智德造成的。要理解到智慧层面，德就稳固住了。

今天我们引导学生的德，如果从仁来说，要从心性去启发他；如果从智来说，要从道理去启发他。向仁的方向发展是德，向智的方向发展也是德，两者兼备才是德的整体概念。

有了这样宏观的理解以后，再来看看国家对于德的相关理解。

在国家提出社会主义核心价值观 24 字方针里，公民道德规范是：爱国、敬业、诚信、友善。从仁德来看，做人要爱国，做人要敬业，做人要友善，做人要讲诚信。从智德来看，爱国是智慧，敬业是智慧，诚信是智慧，友善是智慧。那么这些智慧在什么时候能够呈现出来呢？"智者见智"，首先你得是一个智者，才能看到爱国是一种充满智慧的行为，所以老师要给他传这个道，开启这个智。知道爱国是美德的人很多，知道爱国是智慧的人不多，所以才需要教育，有教育能更好地有立德。

古人谈到的德，有五德和八德之说。五德就是仁、义、礼、智、信。八德是孝、悌、忠、信、礼、义、廉、耻。这是古代确立的德的标准。孝、悌、忠、信，从这里开始教学生，先教学生孝敬父母，再教学生友爱同学，再教学生热爱祖国，再教学生诚信待人。然后再教四德，礼、义、廉、耻，德就好立了，有内容、有抓手。有了这八个字，立德的目标就变得很清晰了。

在古代，关于德，十个人能说出十种答案来，每个人的答案都不一样，那还怎么立？祖先非常有智慧，就把它规定好，所以中国人讲的德，从历史上看，主要传承的是五德和八德。

五德和八德之间是什么关系呢？仁、义、礼、智、信这五种德都可以归到孝上去，也可以归到悌上，更也可以归到忠、信上。孝中有仁，孝中有义，孝中有礼，孝中有智，孝中有信。

在八德当中，前四德主要讲的是四伦。何谓四伦呢？人与人的四种关系。因为德更多发生在人与人之间，所以规定了四种常见的人与人的关系：和父母（孝）、和兄弟（悌）、和国家（忠）、和朋友（信）。

在《弟子规》当中，把一名学生成长过程的德行分为"弟子入则孝、出则悌，谨而信，泛爱众而亲仁，行有余力，则以学文"。一名学生做到什么算是有德呢？"入则孝、出则悌、谨而信、泛爱众、亲仁、行有余力，则以学文"。

说来很惭愧，各位好朋友，如果按照圣人这句话，今天有很多学生的德是不足的，因为不学文化，没有对比，不了解。父母和老师并没有认认真真教孩子"入则孝，出则悌，谨而信"，这是对德的认知的不足，学生到底是有德无德，不清楚。

朋友告诉我，在一些著名院校教书的教授晚年很孤苦，为什么？他们的儿女都在国外，当年被送出后，再也不肯回来。他们老了，儿女不能照顾他们，他们后悔当年把自己的孩子送出去。其实更应该后悔当初没有认真育德，导致孩子的孝德、忠德都不足。

今天我们的德育为什么抓不动？首先，对于德没有清晰认知。你现在如果跟一个家长说，你的孩子缺德，相信没有哪个家长愿意接受。可是按照古人说的标准评价，今天的学生有德的能占百分之多少？家长可能认为，我的孩子又没犯罪。没犯罪就算有德吗？老师也会认为，我的学生成绩好，成绩好就是有德吗？

德行的地基打好了，"行有余力，则以学文"，我们今天做教育都是没有"入则孝"就忙着"学文"去了，结果出了好多问题。家长一见面总是问你的孩子考第几？没有人问，你的孩子"入则孝"了吗？周末上补习班，应该补什么？缺什么补什么。入则孝，出则悌，谨而信，这些都是必修课。这些都属于对教育的认知出了问题。

为什么中国古人一开口就说读书志在圣贤？因为古人的父母希望孩子越来越好，有一个圆满的人生，这个圆满的人生用一个词来描述，叫"圣贤"。如果从小能够严谨地育德，未来就"圣与贤可驯致"。有人觉得成圣贤太遥远，圣贤不食人间烟火，担负很多，收获特别少。是这样吗？不是，这是对概念的理解错误。成为圣贤是追求最高贵、最圆满的人生。

因为文化传承的问题，今天这个社会对同一概念产生了很多歧义，包括对立德，有人坚持，有人笃信，有人迟疑，有人甚至担心说，万一我的孩子有了德，社会这么混乱，他那么美好，如何适应社会呢，

不得被人骗吗？产生了这样的想法还怎么立德。

《了凡四训》里面讲到十大善，十种德。第一，与人为善；第二，爱敬存心；第三，成人之美；第四，劝人为善；第五，救人危急；第六，兴建大利；第七，舍财作福；第八，护持正法；第九，敬重尊长；第十，爱惜物命。

在明朝的时候人们就提出了这些德行，今天我们同样可以借鉴，把这十种德教给学生，他们走向社会以后，与人为善、成人之美、救人危急、爱惜物命、敬重尊长、爱敬存心，这多好。这又是一个立德非常好的方案。

我在撰写《教子有方》这本书时，考虑到现代人的生活，对德又做了一点微调，把现在的学生常用德整理为六项：诚敬、利他、感恩、孝亲、勤俭、爱国和立志。这六德也是融合前面八德五德而说的。

德运用在人与人的互动之中，我们把人与人之间的互动总结为常见三种原则：诚敬、利他、感恩。人与人首先要互相诚敬，尊敬别人，不要伤害别人，不要傲慢待人。其次，如果别人需要帮忙，你恰巧能帮得上，要为别人着想，叫"利他"。为他人着想是世间第一等学问。最后，如果别人帮助了你，你要感恩。诚敬、利他、感恩，就把人与人的基本关系说清楚了，这三点都能做到，人际关系就很练达。

在这个基础上还要特别说明两种关系：一个是对父母的孝，百善孝为先，德根在孝道上；一个是对国家的忠，人生在于立志，立志在爱国，爱国即立志。同时又说明如何独处，即要勤劳，要俭朴。如何与他人相处，如何对父母，对国家，还有对自己，将这些关系理了一遍，即可形成六德。

在中国古代，对于德有很多文字的解释，可以拿来借鉴。

第一，人们共同生活及行为的准则与规范。《论语·述而》讲，"德之不修，学之不讲"，这个说的是德行。

这个德高于法律，它的标准比法律高，而法律是社会的底线，它是人际的一种规范，比如说天下所有人对父母都要孝顺。

第二，有德行的人。"德不孤，必有邻"。

第三，特指好的品行。《论语》子夏曰："大德不逾闲，小德出入可也"。

第四，善行、仁爱、仁政。"为政以德，譬如北辰，居其所而众星共之。"还是在善行上。这个"为政以德"说的是对百姓的仁爱之德，为政之人要爱百姓。

第五，恩惠、恩德。对别人有恩惠，"既醉以酒，既饱以德"。

第六，心意、情意。《诗经》里说"既阻我德，贾用不售"。

第七，古人认为，万物因"道"所得的特殊规律或特殊性质，后泛指事物的属性。《老子》："道生之，德畜之，物形之，势成之。是以万物莫不尊道而贵德。"

"尊道而贵德"，这是中国文化里一个非常重要的思想，当文化复

兴的时候，人们就会尊道贵德。如果一个民族文化断了，也不知"道"也不知"德"，就没有人尊道贵德。

第八，古代特指天地化育万物的功能。《周易·乾卦》："夫大人者，与天地合其德，与日月合其明，与四时合其序，与鬼神合其吉凶。"这个德说的是天地本有之德。上天有好生之德，天地无私，润化万物，天德地德，它对天地对人类都好，"天之道，为而不害。圣人之道，利而不争。"

第九，通"得"，得到。朱熹《四书集注·学而篇》："德者，得也，行到而有得于心者也。"按照道德规范去行事而心有所得。你做了就会得到，哪里得到？心得到。你能够利益别人，就可以利益自己。

以上是中国传统文化里对于德的一些理解，我们再把德拉回到当今，观察平常孩子的行为，如果分作两类，一类称作有德的行为，一类称作是无德的行为。

有德的行为：孝亲、爱国、尊师、为他人服务、保护公共卫生、学雷锋、关怀老人、给老人让座、给父母盛饭、给奶奶洗脚、拾金不昧、见义勇为等。

无德的行为：不孝敬父母、不爱自己的祖国、伤害他人、不尊敬老人、损坏公共安全设施、污染公共环境等。

这两类行为最根本的差别在哪里？仔细对比就会发现，所有有德的行为，它的特征都是利他的，所有无德的行为，它的特征都是自私的。

一个孩子从利他开始，进而演化成各种德行；从自私开始，进而产生各种无德的行为。可以这样简单归纳，"德，就是各种利他的行为"。

教育在这里产生了一个重要抉择：我们要把孩子带向哪里？利他，还是自私？往利他方向走，会把学生带向有德。往自私方向走，会把学生带向无德。说无德或许没有人能接受，可我们都有可能不知不觉地把学生带上自私这条路。

比如说，一个班里有 40 个同学参加考试。前三名中有一名学生特别善良，看到其他同学没考好，就跟他们说："你们别着急，我来帮你补习。"这时候老师过来说："帮什么帮，只管好自己，下次你考不到前三名怎么办？"这个老师在教学生走向有德还是无德？

我们国家实行的是义务教育，那么，我们读了书首先应该去报效国家，这是感恩之德、诚信之德。可是今天读大学的学生中有些人并没有想过长大要报效国家，父母、老师也没有这样想过，所以他们的德立不住。因为德的问题，学生的大事业难成，实际上是把他给耽误了。

平时我们观察学生，如果这名学生经常有利他的行为，总在为别人着想，走路、说话、倒水、开门，都是利他的，说明这名学生在"德日进"，我们就放心了。如果这名学生很自我，很自私，从来不顾别人，这是被教错了。

有一次，一个远方来的朋友带着孩子来做客。这个孩子总是在折腾他妈妈，还没到开饭的时候就喊，"妈妈我要吃饭"，妈妈没办法给她提前盛了饭，孩子刚吃两口又喊，"妈妈我要出去玩"，妈妈只好又带他出去玩，只要妈妈一不满足他，他就开始哭闹。母亲只是觉得这孩子年龄小，任性，没想管他，没有意识到孩子已经走向了"无德"。父母对德的概念不清晰，一再地溺爱和姑息。

想要立德，父母和老师首先一定要有这个敏感性，迅速观察出学生身上哪一个行为是"德"，哪个是无"德"，如果是"无德"，就得马上做调整。做调整当然不是去管、去打。对学生行为的德与无德的判断已经成为一个老师对自身专业训练的要求了。

对于一个家族而言，什么是家道？家道的核心重点就是德。这个德里有孝悌忠信、扶老携幼、孝亲尊师、爱国奉献等。反之则是非德。一个大家族给德与非德做一个综合性规范，叫家训。如果没有规定明确，后世子孙就不知道这里的界限。比如钱氏家训，"利在天下者必谋之"，这是德；"利在一身勿谋也"，利在一身是非德。《朱子治家格言》里说："与肩挑贸易，毋占便宜；见贫苦亲邻，须加温恤。"毋占便宜，须加温恤，这就是德，反之就是非德。

祖先为什么立下这些规定？仅仅是为了约束儿孙吗？不是，是为了护佑儿孙。一个人能够"入则孝，出则悌，谨而信"，长大走向社会工作起来就很轻松。有的父母对这些表示很不屑，觉得都是"老古董"，太束缚孩子了，可等到孩子长大，顽劣成性，自己又后悔莫及。

社会依何而呈现，人与人的各种关系，与父母、与师长、与同学、与祖国,与家人、与朋友、与同事、与同胞等。从这个层面看,什么是德?一名学生能够适应社会、服务社会、贡献社会,最后受益于社会的素养,就叫德。

由此可以想到,如果一名学生缺少德,将会怎么样?他将不能进入社会,无法适应社会,不愿意服务于社会,也不能贡献于社会,最终被社会抛弃。作为父母,你希望你的孩子被社会抛弃吗?你希望把孩子阻挡在社会之外吗?

我们在育德上投入多少时间,花费多少精力?

不育德是典型的误人子弟,误人前程。老师、家长一定要想明白这个道理。

有人说文凭是前途的敲门砖,光有文凭门是敲开了,但是未必进得去,进去还得退出来。即使坐到高位,也可能犯错误。为什么很多企业家说现在的年轻人不好用,不懂事,其实就是德不足。没有人系统教过他们,到社会上就吃大亏。

一名学生为什么会显得成熟?他有德。成熟就是他适应环境、奉献社会的能力很强。很多学生为什么被教成"巨婴",因为他在德上亏欠了。

少年恰好是育德的黄金时期,他可以反复练习,12年练好了,一生就没有危机了。其实小学6年就可以把基本的德修完。现在很多学生18岁时德还没有立住,这不能不让教育者对今天的教育有一个深刻的反思。

我们再来看这张关系图：

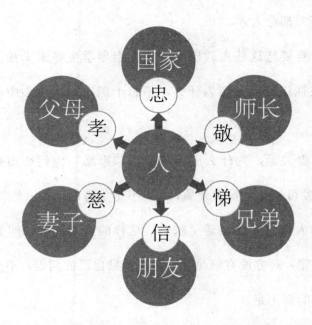

我们把社会的人际关系大致分为六种，这六种关系如果都能够处理好，这个人就肯定能适应社会。

对父母要孝顺，对兄弟要友爱，对老师要尊敬，对国家要忠诚（爱自己的祖国），对朋友讲诚信，对另一半要慈爱。把这些学会以后，他这一生不管做什么工作，当杰出的科学家还是普通的技术员，他都会幸福。

反观今天，为什么很多大学生到社会以后不幸福？在这里也会找到答案。比如说，如果没有"慈德"，他的夫妻关系能好吗？没有"孝德"，与父母的关系能好吗？没有"信德"和"悌德"，他会有真正的好朋友吗？没有"敬德"，他能做出大学问吗？敬德伴身上，学问无止境。

如果这名学生热爱自己的祖国，他会立下远大志向。这样的学生不管身处何方都是人才。

基础教育要把这些先教出来，才能指导学生寻求幸福。长大后贪赃枉法，被抓进监狱，因为什么，不忠于国家。从小心中没有祖国，只有自己。

还有夫妻关系，为什么出现冷暴力和家暴？他们心中有慈爱吗？当然没有。爱可以化解很多矛盾，家里不是争理的地方。大家可以想象，两个自私的人走到一起组建了家庭，这样的夫妻能幸福吗？他只会说对方种种过错，对方没有满足我，却看不见自己的问题。不反思自己，其实是自己的德不足。

中年的苦果很多都是少年的教育造成的。作为老师，我们想一想都后怕，那怎么做？王阳明先生说："古之教者，教以人伦，今教童子，惟当以孝弟（悌）忠信礼义廉耻为专务。"

"孝弟（悌）忠信礼义廉耻"，孝是对父母，悌是对兄弟，忠是对国家，信是对朋友。那么礼义廉耻是什么？四种关系中里的四种正确行为，比如说对待父母何为孝？对父母要礼，要尊敬父母；对父母要义，要赡养父母；对父母要廉，你不能争占父母的财产；对父母要知耻，何为耻？不孝为耻。礼义廉耻全做到了，这就是孝。

什么是悌？对兄弟要礼敬；兄弟有困难要帮助，叫义；兄弟之间

不能互占便宜，这叫廉；兄弟之间不义，叫耻。

什么叫忠？礼义廉耻。礼，礼敬国家；义，承担起国家责任、社会义务；廉，不拿国家一分钱；耻，以不爱国为耻。

古人知道这些很重要，又叮嘱道"伦常乖舛，立见消亡"（《朱子治家格言》）。管子说："礼义廉耻，国之四维，四维不张，国乃灭亡。"如果从小不教给学生们，四维不张，他们在面对国家的时候不礼不义，不廉不知耻，到了社会那不就等着犯错误吗？他们心里没有底线，都已经失德了还不自知。因此，廉洁教育一定要从娃娃抓起。童年德根没有扎住，到了成年再去管，就很难管住了。因此，立德一定要从基础教育开始。

《孔子家语》里说："孝，德之始也；悌，德之序也；信，德之厚也；忠，德之正也。"这四句话就把德给规范了。孝是德之始，所以育德从孝开始；悌是德之序，万物有序有礼，懂得悌道的人就知先后，知进退，知大小，知谦让；信，德之厚也，君子重诺，答应别人的事要做到，待人诚信德会加厚；忠，德之正也，一个人的德行最高落在忠上，看他是否忠诚于自己的国家。这是德的标准，从孝始到忠正，把德完全规范下来了。我们按照这个去做，孝悌信忠，这个德就完全立好了。

关于德，到这里我们来做一个总结。从基础看，是一个人的行为习惯，再往上是礼仪，再往上是人的品行，再往上是一个人的人格，再往上是情怀，到最高的状态是一个人的境界。这些都是德。很多学生为什么不能成为大才？情怀境界上不去。情怀境界为什么上不去？人格地基没有打好，基础的礼仪品行习惯都不好，何谈情怀。

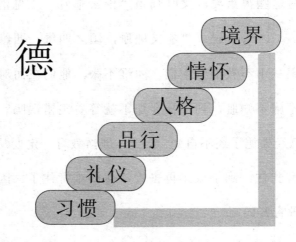

从对于"德"的阐述中我们了解到，不立德不可能出人才，要想培养人才，立德是基础。德如果立不住，考再多分都不得大用，我们教出那么多高学历毕业生，为什么他们走上社会后是那么平庸？甚至唯利是图。如果从学生6岁开始育德，我们就能为国家输送大量的人才。

第二节 人无德不立

习近平说："核心价值观，其实就是一种德，既是个人的德，也是一种大德，就是国家的德、社会的德。国无德不兴，人无德不立。如果一个民族、一个国家没有共同的核心价值观，莫衷一是，行无依归，那这个民族、这个国家就无法前进。这样的情形，在我国历史上，在当今世界上，都屡见不鲜。"

唐代名相魏徵在《谏太宗十思疏》中写道："求木之长者，必固其根本；欲流之远者，必浚其泉源；思国之安者，必积其德义。源不深而望流之远，根不固而求木之长，德不厚而思国之理，臣虽下愚，知其不可，而况于明哲乎？"

教育家陶行知说："道德是做人的根本，根本一坏，纵然你有一些学问和本领，也无甚用处，并且，没有道德的人，学问和本领愈大，就能为非作恶愈大。"

"人人好公，则天下太平；人人营私，则天下大乱。"（清代刘鹗《老残游记》）

台湾忠信学校校长高震东说："德育是一切教育的根本，智育没有德育做基础，智育就是犯罪的帮凶；体育没有德育做基础，体育就是暴力的前卫；美育没有德育做基础，美育就是腐化的催化剂。"

蔡元培说："若无德，则虽体魄智力发达，适足助其为恶。"

林则徐说："行止不端，读书无益；做事乖张，聪明无益；心高气傲，博学无益。"

北大钱理群教授说："我们的一些大学正在培养一些'精致的利己主义者'，他们高智商，世俗，老道，善于表演，懂得配合，更善于利用体制达到自己的目的。这种人一旦掌握权力，比一般的贪官污吏危害更大。"

曾有一位纳粹集中营的幸存者，几经转折当上了美国一所中学的校长，他给每一位老师写了一封信，信的内容是："亲爱的老师们，我亲眼看到，毒气室由学有专长的工程师建造；儿童被学识渊博的医生毒死；幼儿被训练有素的护士杀害。看到这一切，我怀疑：教育究竟是为了什么？我的请求是：请你帮助学生成长为有人性的人。只有使我们的孩子在成长为有人性的人的情况下，读写算的能力才有价值。"

泰戈尔说："教育的目的应当是向人传送生命的气息。"没有对生命的尊重和敬畏，我们何谈教育。

杨福家教授在诠释"博雅教育"的具体内涵时说："博"就是要做到文理结合，任何学科都是不能完全割裂开来的，要同时注重知识的广度和深度；"雅"则是"做人第一，修业第二"。"做人第一"

就是要讲求道德，而成为一个有道德的人，必须具备"爱国"和"诚信"的基本素养。我国的"两弹"元勋邓稼先、中国氢弹之父于敏等著名科学家，无一不是秉承着爱国之心，在艰苦的环境中为我国的科学技术进步不断贡献力量。

而今天许多家长见面，只剩下一句话，"你的孩子考第几名？"或者是："你的孩子在读哪所大学？"至于立德，很少谈起。甚至还出现了什么现象，初一的学生考全班第一，父亲大摆酒席来庆祝一下。

很多教育一线的朋友常常为近年来大面积出现的青少年心理健康问题担忧，请心理医生做辅导，却不能够停止患病人数的增加。学生6岁上学时没有心理疾病，为什么到了初高中却出现心理疾病？在我们小时候，几乎很少看见患有心理疾病的少年，为什么这几年大量出现了呢？

我有一个朋友在北大做心理辅导，有一年他和我交流大学生心理疾病问题，刚好那段时间学校在做学期军训，主题是"我们都是预备役"，看军事题材电影，站军姿，还有军事汇演等。我就把二年级一名学生写的军训心得拿给这个朋友看，看她心理健不健康？朋友幽默地说："这何止是健康，这是'健壮'啊。"我又追问道："你预估一下，如果按照这种教育模式，到她上大学时，会不会得心理疾病？"他说："根本不可能。"我接着反问他，"为什么那么多大学生得心理疾病？"他恍然大悟！

造成心理疾病的原因是什么？违背常规。

立德中的"孝悌忠信"都属于常态教育，适用每一位少年。一个非常孝顺父母、热爱祖国的人，怎么会得心理疾病呢？这是为什么？德能养心！当心合于德时，就是心的最佳状态。可是当德不足以养心，心不合于德时，学生的心灵畸形成长，违背了生命的常态。所谓伦常，伦是人伦，常是常态，本来如此，正常的人际关系就应该是父慈子孝。"今教童子，惟当以孝悌忠信礼义廉耻为专务"，按照一般去教，心理就不会得病。可是如果不按常理教学，上来急慌慌学外语学知识，一学五六年，成绩很好看，心灵成长却被耽误了。"德者，得也"，他该得的德没有得到，自然要得疾病。

高考后的学生大多心理都有些伤痕，尤其是重点大学的学生。社会只关心他们飞得高不高，没有人关心他们飞得累不累。每天先锻炼身体，跑起来，出出汗，把内脏的毒素排一排，然后扎孝道根，爱祖国，重新找到真正的梦想。饮食也要调整，看看有心理疾病倾向的学生适合吃哪些常用食蔬，再用一些好的中医药把脏腑调一下。半年时间调身心，定理想，不再迷茫，再用三年半完成课程，时间够用。如此抑郁症、"空心病"基本能被遏止。

华夏学校每年春、秋两季做两周的军训，学生们收获非常多。

我跟学生们说，我们是国家的预备役，是和平的预备役，是科技的预备役！后来还专门给学生们写了一首歌《我们都是预备役》：

日出东方照大地，党的教导心中记，

华夏学子多壮志，刻苦训练，自强不息，心坚不移。

我们是预备役，中华的好儿女，

召之即来一展身手，雄姿映战旗。

我们是预备役，人民的好子弟，

若有危难整装待发，奔赴到阵地。

天下兴亡当奋起，匹夫有责献身力，

华夏少年军魂在，随时准备，保卫祖国，每寸土地。

我们是预备役，使命要牢记，

听党召唤团结一心，同胞千百亿。

我们是预备役，使命要牢记，

若有人敢侵略咱们，就把他赶出去。

第三节　立德的理论

若要成其事，必先明其理。接下来讲一讲立德的基本思想。

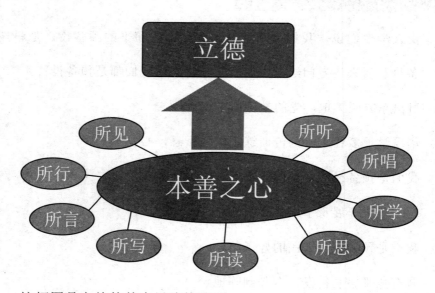

这幅图是立德的基本思路构建图。

王阳明先生说："种树者必培其根，种德者必养其心。"育德，德究竟从何处生？德从心生。心是德的根源，德是心的显现，毛主席在国共和谈前说："遍地哀鸿满城血，无非一念救苍生。"这种情怀不正是仁爱之心的显现吗？

　　《三字经》中说："人之初，性本善。"人之初，心性是什么样子的呢？本善！《孟子·告子》篇中讲道："恻隐之心，人皆有之；羞恶之心，人皆有之；恭敬之心，人皆有之；是非之心，人皆有之。"何谓"人皆有之"？就是它本来具备，一出生就有。想想咱们小的时候，有没有恻隐心？有！有没有羞恶之心？有！有没有恭敬之心？有！有没有是非心？有！这个本来就有的"心"，正是德的源头！

　　德为什么可以被育出来，因为本来就有根苗，在哪里？在人的心性里。就像种树，本来就有好树种，只须好好培育，终会硕果累累。

　　毛主席在《心之力》一文中讲道："心为万力之本，由内向外则可生善，可生恶，可创造，可破坏。由外向内则可染污，可牵引，可顺受，可违逆。修之以正则可造化众生，修之以邪则能涂炭生灵。心之伟力如斯，国士者不可不察。"这段话可以作为我们德育工作的根本指南。本善的种子虽有，还要修之以正。如果修之以正，长大后就是有德之人，就可以造化众生。如果修之以邪，长大后就是无德之人，本善和良知被遮蔽，危害社会。是修之以正还是修之以邪，这就是德育工作的着手处。

　　心为德根，德由心生，心的转变需要时间，不是靠吼、靠管、靠恐吓就能立即发生变化，德育必须有等待的过程，不能一蹴而就。在教育中我们经常看到这样的现象，有的孩子小学时都很听话，坐得笔直，中学时开始偷懒耍滑，到了大学失去约束开始放羊，为什么？心没有转。

老师烦恼地说："都跟你讲了多少遍了，怎么就改不掉？"强制于外，病根终在，枝枝而伐，叶叶而摘，东灭西生，非究竟之道也。强制出来的德育，能立得住吗？

种德者必养其心，持续多年的养心，是立德的良方。而基础教育有六到十二年，正是养心的最佳时机。

有一次我带老师们做教研。首先让每个老师想一想，在班中让你最头疼的学生，描述一下那个学生的行为。老师们开始描述了，哪个学生让他很头疼，不好好上课，说脏话，甚至还偷东西……每个学校都会有这样的学生。

写完之后，我让大家回答第二个问题。

"这个学生身上有没有让你感动的三个优点？"

先不管他让你多么头疼，只看优点，他有没有让你感动的三个优点？事实证明，确实有。

那么，他的优点从哪里来？人的本善。如果我们想把这个学生培养好，是就问题谈问题呢，还是从本善开始培育？

这样一问，老师们豁然开朗。

只能看见他的问题，却看不见他的优点，这是我们的观察力出了问题，失去了客观平等之心。于是我们所见的、所讨论的，包括研究制定的解决方案，都在针对他的问题。教育到这里就走进了误区。

我们总是想把一个孩子不好的行为给纠正过来，可事实呢？纠正

过来了吗？

有一次我们去一个贫困山区的学校支教，那里的孩子上课很守纪律，整整齐齐。请教那里的老师原因，他们说是管出来的。一和那些孩子深度交流才发现，他们的内在大多缺少一些基本的认知，这样的教育有意义吗？

除非我们能唤醒孩子的本善，否则我们永远都教不好他们。

没有哪一棵树是通过剪枝而枝繁叶茂的。可以适当剪枝，但剪枝绝不是全部手段。

除非我们能滋养孩子的本善，否则，我们永远纠正不了孩子的错误。

除非我们能让孩子自己知道他错了，否则，我们永远管不住他们。

教育所有的方法，最终都聚焦在一个点上，开启学生的本善！

一个孩子为什么会升起惭愧之心，为什么能知道自己错了，为什么愿意改正，为什么会向善向美，爱国爱家……这些都是本善的力量。

同理，一个孩子为什么没有惭愧心，为什么不知道自己错了，为什么不愿意纠正，为什么不再向善向美……这些都是因为他的本善已被覆蔽。

他所有的美德来自内心种子的绽放。当一个孩子做错了，你批评他，你苛责他，可是他就是不改，他已受伤。

拯救一个孩子，纠正一个孩子的过失，就是要拯救他的心，恢复他本有的善良！

现代管理学之父德鲁克说：管理的本质，其实就是激发和释放每一个人的善意。

孩子来到这个世界上带着本善之心。这时候作为老师如何帮他立德？让孩子每天所听、所唱、所学、所思、所读、所写、所言、所行、所见，都要围绕如何开启本善之心，展开各种教学。这一切都围绕内心而展开，那么他的心必然会自然成长，长到一定程度，就会立志，就有了人生目标。

小孩子的心非常稚嫩，让孩子每天在学校看什么、听什么、学什么，需要安排得非常严谨，不是什么歌都可以唱，什么内容都可以学。教材编写、图书挑选、活动设计、音乐选择都非常有原则，当然还包括老师的配备。如果这些原则不掌握，不知道应该让孩子们读什么，唱什么，听什么，孩子们接触了很多和心性无关甚至是污染心性的东西。心给不到营养，德就上不去。

作为一个校长和老师，让你的学生听什么，让你的学生唱什么，让你的学生学什么，让你的学生想什么至关重要。

哪些内容更容易滋养孩子的本善之心，在实践中能观察出来，有规律可循，需要对心有所认知。与本善之心最相关的有两部分，一部分是仁爱，一部分是智慧。想要把种子养壮，在课程活动内容设计中，就要重视这两类活动和课程，以仁爱来滋养仁爱，以智慧来滋养智慧。像经典、历史，它偏重于智慧。而孝道、爱祖国，仁爱多一点，智慧也有。需要养什么就要给什么。

古人在实践中发现，立德从哪里开启？孝！圣人说："夫孝，德

之本也，教之所由生也。"这是《孝经》里的话，《孝经》是儒家的一部经典，这部书中有很多重要的教育思想。孝在立德中位置很重要，孝心是仁爱，孝道是智慧，仁爱和智慧两个都要有。

爱能滋养心灵，亲子陪伴能滋养心灵，反之，凡是与这些相悖，违背了仁爱与智慧，心就会受伤害。心怎么受到的伤害？外在所给和内在所需发生了矛盾，可是家长们很粗心，不了解情况，一棵成长中的树苗开始枯萎，到最后抑郁甚至是放弃生命。

为什么有的孩子们一上学就开始厌学？他们每天所见、所闻和心灵之间不对应，教育只是大人们的想法，不了解心性的道理。像语、数、英学科，教好了是智慧，教不好就是耽误，因为许多内容与心无关，经典教学也是如此。孩子们每天所接受的"教育"与他本善的心冲突得很厉害，又无处可逃，学一天伤一天，而伤的又是心，心又不可见，不用心看不出来。仔细观察会发现孩子们不快乐、抑郁……只是作为老师和家长，没有把焦点放在心性上，只是看分数，孩子的心出了很大的问题都不知道。

教育整体设计是大事，学校对课程设计、内容设计、教学方法设计、老师的选择要非常慎重。首先要明白原理，严格遵循心性规律，不能想当然。理论不通，无论是教经典还是教数学，都可能伤害到孩子。纸上得来终觉浅，绝知此事要躬行，要在实践中用心观察，一旦孩子本善之心开启以后，结果会完全超出想象。

第四节　传道立德

德从何处起？道！依道而行，谓之有道，所以，育德必先传道。传什么道呢？

2014年教师节，习近平总书记在北京师范大学发表了《做党和人民满意的好老师》的讲话，专门谈道："传道是第一位的""一个优秀的老师应该是经师和人师的统一，既要精于授业、解惑，更要以传道为责任和使命"。

首先我们看一看，传道的"道"指的是什么？

所有事物都有其成因和结果，从整个人生来看，它的最终结果是我们共同向往的美好生活，或者叫幸福人生。作为一个结果，需要很多原因来实现，比如说孝，比如利他，比如敬业……这些原因汇集在一起，就成就了一个人的幸福人生。

那么，教育所说的"道"是什么？简单地说，从原因到结果就是道，按照这些道去做，就是德。比如，"行孝是福，不孝是苦"，想要人生幸福，人必须有孝心，行孝道，这个孝就是德的一种。孝为原因，幸福为结果。

找出与幸福结果相关联的全部主要原因，把这些关系理顺，教给学生，这个就是"传道"。道是关于幸福人生的原因与结果的关系，传道是教导学生明幸福人生之理；育德呢，是对幸福人生的实践。有

德，人生才会幸福；无德，人生必然痛苦。不是强迫你必须有德，而是指导你如何实现幸福人生。所以，立德就是教会学生应该追求什么，应该去做什么。

比如，"孝悌忠信礼义廉耻"，有些家长一听可能会问，学这些干什么呢？

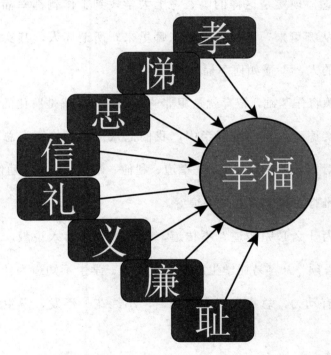

"孝悌忠信礼义廉耻"都是实现幸福的重要成因，只是我们平素没有仔细分析而已。一名学生爱国，一名学生不爱国，长大以后，谁更有成就？我们只是看到了学生的烦恼，却没有看到烦恼的深层原因——"德不足"，从小没有接受很好的德教。

由此我们就明白了，为什么古人要"今教童子，惟当以孝弟忠信、礼义廉耻为专务"，这些都是构成幸福人生的必要因素。或者说，没有这些，品行必然出问题，幸福人生也无法实现。

现代人为什么不重视这些呢？因为没有人给他们传道，大家不明就里，把幸福人生的图纸画错了。

"怎么能幸福？考上好大学，找到好工作，就幸福了"，这是很多家长的观念，现实是这样的吗？考上大学找到工作就都幸福了吗？那些贪污犯从哪里来？那些杀人犯从哪里来？所谓坏人，其实就是缺少良好教育的人，不懂如何幸福的人。

没有德育作基础，智育就是犯罪的帮凶，美育就是腐化的催化剂。

在落实德育教育的过程当中，我们把八德和五伦再汇总一下，和现代社会对接，合并为六德——孝道、利他、诚敬、感恩、勤俭、爱国。在实际中推行，很实用，效果很好。

育德为什么必先传道？不传道，德育极容易落入说教，就是"你应该、你必须"，容易让学生产生逆反心理。学生不知道为什么而做，做起来没有动力，总靠发"小红花"，小红花一不发，学生的品德就退步了。

教育家苏霍姆林斯基说："教育技巧的全部诀窍就在于抓住儿童的这种上进心，这种道德上的自勉。要是儿童自己不求上进，不知自勉，任何教育者就都不能在他的身上培养出好的品质。"那么，儿童的这种自勉、自律、自觉是怎么形成的，强迫肯定不行，造作肯定也不行，伪装更加不行，怎么办？传道。

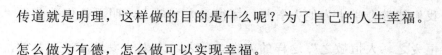

传道就是明理，这样做的目的是什么呢？为了自己的人生幸福。

怎么做为有德，怎么做可以实现幸福。

比如，孝是德的根本，教学生孝道，首先必须给学生说明，人为什么要行孝。为什么行孝呢？乌鸦反哺，羊羔跪乳，做人之本，孝敬父母，孝是做人的根本。夫孝，德之本也，学生从小孝心打不开，一切德行都难立。孝心一开，百善皆开，百福皆来。有了孝心，各种美德依次而立，一生阳光幸福。

再比如，利他者必有德，怎样教学生利他呢，必须先明白利他之道，什么道？如下图：

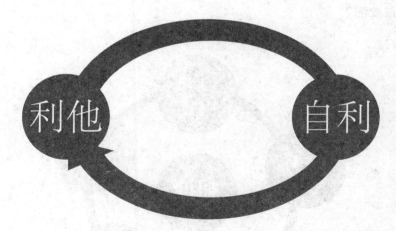

孟子说："爱人者，人恒爱之；敬人者，人恒敬之。"若要自利，必先利他。无论是大人还是学生，人生都追求这样一种生活——"人恒爱之，人恒敬之"，这种生活怎么实现呢？需要从小去学习一种行为——"爱人和敬人"，爱人敬人就是我们说的"利他"。如果今天我们能教会学生为他人着想，懂得爱人和敬人，明天他们会获得"人恒爱之、人恒敬之"这样的人生。反之，未来的岁月，没人尊敬，没人关怀，生活一定过得很烦恼。

比如我们为官，爱民如子，百姓就会对这个官员"恒爱之"；我们是一个科学家，爱我们的祖国，为祖国做贡献，祖国也会敬重我们。"爱国者，国恒爱之""爱民者，民恒爱之""爱他人者，他人恒爱之"，这就是客观的规律。我们把这种规律教给学生，教会学生这种人生的思维方式和方法。

从小懂得为别人着想，懂得利他。利他给学生未来的发展会带来哪些益处呢？

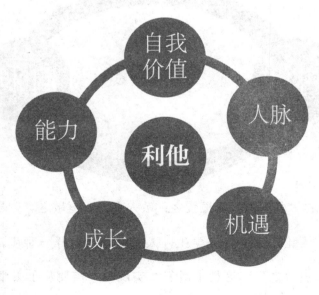

一个年轻人进入社会，因为利他，所以会慢慢积累人脉；因为利他，所以会得到机遇；因为利他，所以成长快；因为利他，所以能增长能力；

因为利他，能实现自我价值。从人脉到机遇，到成长到能力，到实现自我价值，是一个连贯的过程，这些都源于利他。

养成利他的习惯，将这一习惯渗透到生活工作中的各种行为之中，就是有德。一般人在这个问题上会犯什么错误呢？

第一个错误：认为利他是吃亏的，利他和自利是矛盾的，"我帮了你就不能帮自己"，陷入这个错误的思维当中。这是老师和家长首先要攻克的思想难关。这个悟不出来，立德就会在这里受阻，必须打通。找不到利他的思想动因，学生没有"自利—利他"一体这样的正确思维方式，导致不敢利他。所以，转变思想观念特别重要。

帮助学生建立正确的思维，这就是传道的作用。

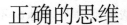

第二个错误：低估自私的危害，认为自私没有事，无所谓，我的学生就是自私一点嘛，又没有犯罪，怎么会无德呢。他们没有看到自私和无德的关联，对自私没有防范，使学生的自私一直在疯长，最后

爆发成一个没有道德底线的人，可能成为一个贪官，也可能成为犯罪分子。教育中最可怕的就是少年时把学生送上自私的轨道，尤其是当一名学生分数很高又很自私时，他的自私往往被遮蔽了。自私到一定地步的学生，对客观世界没有正确的认识，想法非常之奇怪，整个思维是畸形的。

教育家朱光潜提醒我们："以往我们青年的错误，就在于大家都只为个人打算，全不替国家民族着想，我们忙着贪图个人生活的安定和舒适，不下功夫培养造福社会的能力，不能把自己所应该做的事情做好，一味苟且敷衍，甚至用种种不正当的手段，去求个人安富尊荣，钻营欺诈贪污，无所不至，这样一来，把社会弄得日渐腐败，国家弄得日渐贫弱。"（出自《给当代青年一番语重心长的话》）

无道之德，必难持久，或者伪装，或者堕落。

《道德经》说："非以其无私耶，故能成其私。"利他，不仅仅是一种美德，更是我们人类有智慧有理性的行为，利他指向的是智慧，而自私指向的是愚痴。今天我们在道德教育上遇到的障碍，首先是"道"的瓶颈，向深挖，这与中华优秀传统文化的断失直接相关。"人不学，不知道"，在叹息世风日下时，人们不知道如何着手改变。只有从道入手，德育才能落实下来。

第五节　养心立德

德由心生，如何滋养孩子本善的心性？从哪些方面着手呢？爱、环境、课程、教师和家长。

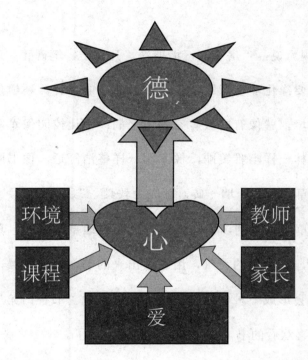

养心立德，首先是爱。习近平说："教育是一门'仁而爱人'的事业，爱是教育的灵魂，没有爱就没有教育。好老师应该是仁师，没有爱心的人不可能成为好老师。高尔基说：'谁爱学生，学生就爱谁。只有爱学生的人，他才可以教育学生。'教育风格可以各显身手，但爱是永恒的主题。爱心是学生打开知识之门、启迪心智的开始，爱心能够滋润浇开学生美丽的心灵之花。"

　　然后是环境，台湾忠信学校的教育理念之一："教育是讲环境的，环境是人格的魔法师。"环境就像土壤，树苗遇到了好的土壤，自然就成长很快。人的心灵受环境的浸染非常深，学生所生活的家庭、学校和社会，不断地与学生的心灵进行信息往来，对境生心，久而久之，心随境转。

　　《弟子规》说："房室清，墙壁净，几案洁，笔砚正。"净化学生的心灵，先要净化环境，给学生一个最清净的世界。环境包括生活环境和人文环境，就像有的教育家提出来的："让校园像军队一样整齐规范，像园林一样幽雅美丽，像家园一样整洁舒适，像书院一样励人奋进，让一草一木、一墙一砖，都成为教具。"

　　书是由草木制成的，人本来就生活在天地草木之间，草木是大地给予我们的，有大地的灵气，用它做出来的书，读的时候，心会静，对心灵本身会形成一种非常好的滋养。古人说"书香门第"，放眼望去都是他们喜欢看的书，被熏来熏去就爱上书了。

　　有条件的学校，校园里要有山有水，有花有树，《论语·雍也》："子曰：'知者乐水，仁者乐山。'"一方水土养一方人，"水土"布置好了，学生们内在的心灵就一天天成长起来。

　　课程，像养料一样，给学生设计什么样的课程，决定着学生有什么样的心性。一个人读不同的文章，心性完全不同。很多家长喜欢欣赏诗词，却不知道应该欣赏哪些诗词，比如说，我们读："春花秋月

何时了，往事知多少？小楼昨夜又东风，故国回首不堪月明中。"这是李后主的词。再换一首岳飞的词："怒发冲冠，凭栏处，潇潇雨歇，抬望眼，仰天长啸，壮怀激烈。三十功名尘与土，八千里路云和月。莫等闲，白了少年头，空悲切！"感觉一不一样？答案自然是否定的。

课程设计特别重要，如果课程好，学生们就喜欢上课，爱学习。每次给学生们上课，首先就要思考这个年龄的学生最着急学什么，他们需要什么样的情感滋养，所有内容要认真设计。像音乐、歌诗、吟诵课，让学生反复徜徉于音韵之美，乐通于伦理，从诗词之美，可以体会到音韵的力量。还有好的文章，好的故事。文能入心，好故事，真情感，催人泪下，让学生感受生命，体味人间情意。从幼儿园到小学、中学，学生必须接触到"高营养"的美文，这对学生的益处特别大。读这样的好文章，学生内心就会有很多感动，就会成长。

课程设计就像一个母亲给孩子做的饭菜。如果早晨起来，饭桌上就一碟清水煮白菜，孩子愿意吃吗？

学生们为什么厌学？不一定是学生出了问题，还有可能是我们的课程设计得不对，他们在自我保护，他们在向我们呐喊："老师，请不要给我上这些课，好不好？"我们还匆忙地下结论："这名学生不爱学习。"真的是这样吗？

每次备课，最主要备什么？答案是内容。如果内容不好，这课怎么讲都不对，所以我们要绞尽脑汁给他们准备好最合适的内容，每周

111

都让他们收获到好的东西，这样他们就会一天天成长。

教者，上所施，下所效。老师和家长对学生们的心灵成长影响非常大。假设有一条河流，在河流的上游有人向河水里倾倒了垃圾，在河流的下游就会造成河水的污染，这样的现象大家很容易理解。现在，假设这条河流是学生的心，父母和老师就站在河流的上游。大人们常常察觉不到自己的错误行为，对学生的心灵造成污染，学生进而养成了种种错误的观念，这样的现象正不正常？

"相由心生"，学生所有的行为"相"，叛逆、辍学、放逸都是由心产生的。"心必有因"，这个"心"从哪里生出来的？心不会无缘无故如此，必有它的原因。"因在哪里"，大人们就要反思了，谁站在河流的上游向河水倒了污染物？大人们往往不去找问题的原因，只是单纯地说现象。这名学生厌学了，这名学生叛逆了，这些是原因还是结果？是结果。那么原因呢？

有的家长说，"我很爱我的孩子，怎么会伤害他呢？""爱之不以道，所以害之矣。"溺爱就是一种伤害。有的老师说，"我没有伤害他们，他们有问题了，我就要行使做教师的权利。"如果你不懂教育，你的批评，你的管教，还有错误的课业安排，都会给学生的心灵带来伤害。

教育家蒙台梭利说过：

"成人的一言一行，必将在学生的生命中留下痕迹，将决定学生的一生。"

让我们铭记前人的教诲："种德者必养其心。"养其心，立其德。

第六节　知行立德

教育家苏霍姆林斯基说："道德准则只有当它们被学生自己去追求、获得和亲自体验过的时候，只有当它们变成学生独立的个人信念的时候，才能真正成为学生的精神财富。"美国民谚说："告诉我，我可能会遗忘；教导我，我可能会不明白；让我亲手做一遍，我将永远牢记在心。"

"纸上得来终觉浅，绝知此事要躬行"，德育教育，不仅要知，更重在行。知，告诉学生应该做什么；行，陪伴学生反复练习，直至成为习惯。按顺序，知在前行在后；按比重，行的比重要大于知。《论语》云："学而时习之，不亦说乎。""学而"就是知，"时习之"就是行，那么"不亦说乎"呢？"得乎道而喜，其喜曷已。"当一名学生有德时，他是快乐的，幸福的。在知与行的反复循环过程中，学生的品德就立住了。

讲十遍不如做一遍，好品德是做出来的，不能做"思想的巨人、行动的矮子"。那么，要做哪些呢？

第一部分：生活能力

"体力劳动对于小学生来说，不仅是获得一定的技能和技巧，也不仅是进行道德教育，而且还是一个广阔无垠的、惊人的、丰富的思想世界。这个世界激发着儿童的道德、智慧、审美、情感，如果没有这些情感，那么，儿童认识世界（包括学习）就是不可能的。"

《人民日报》刊载过一项"对一所县城内街村联办小学的调查"，学校独生子女占全校人数的 85.4%，调查时发现：这些学生们，自己的事情不会做，自理能力很差，一年级有 81.6% 的学生每天要大人帮助穿衣服、系鞋带，一半以上的学生由家长帮助洗脸、洗手、洗脚，中高年级学生，有的衣服扣子掉了不会钉，家长给学生穿鞋已经变成了学生理所当然的了。低年级学生在家里基本上不干活，不参加家务劳动，占 69.1%。集体劳动不爱干，全校有 20% 的学生不愿意参加学校组织的各种集体活动和公益劳动，干活很偷懒，边干边玩儿，怕脏怕累，挑轻怕重，导致学校很多活动都由老师来完成，老师们扫地、收拾桌椅，学生们在旁边做看客。

美国哈佛大学做过一项调查，发现一个非常惊人的结论。爱干家务的学生和不爱干家务的学生，成年以后就业比率是多少呢？ 15:1；犯罪比率是多少？ 1:10。为什么会这样？ "劳则思，思则善心生，逸则淫，淫则忘善，忘善则恶心生"。不爱干家务意味着什么？好逸恶劳，

再往下就是自私、投机取巧，再往下就可能是犯罪。爱干家务的学生，长大以后离婚率低，心理疾病患病率非常少。小学一年级6—7岁的学生可以帮助父母洗碗，能独立打扫房间。到了小学二到六年级，7—12岁，这时候正是学生成长的关键期，学生能做哪些事情呢？能做饭，能擦地，能清理洗手间、厕所，能扫院子，扫雪，能用洗衣机，能倒垃圾，收拾垃圾箱。到了初中，他们的身体已经发育得很好了，这时候学生可以接触一些电器，修插座，换灯泡，站凳子擦玻璃，清理冰箱，清理烤箱，能尝试做出很可口的饭菜，去超市买东西能独立地列出购物清单，洗衣服。

做班务是个难得的机会，一定要学生独立完成，给他们一个思考的过程。地怎样拖才干净，桌子怎么摆才美观，动脑去思考。做班务不是个体行为，需要共同协作，学生们在做班务的过程中学会彼此配合，互相学习，通过班务，养成集体观念。同时，班务做得好，学生们在这个教室就会有一种当主人的感觉，心生欢喜。劳动本身就是定心和养心，劳动之后，上课更专注。

第二部分：人伦素养

"古之教者，教以人伦"，把人伦落实在生活常礼中，就是习礼。在实际教学中，可以设计成"6×3×3"的模式。

第一个"6"是什么呢？6种人际关系，即父子、师生、兄弟、朋友、夫妻、国家。

第二个"3"是什么呢？3种标准动作，即诚敬、利他、感恩。如何与人相处，首先是诚敬待人，对方需要帮助，要利他，不要害人，不要占人便宜。如果人家帮助了自己，要心存感恩。诚敬、利他、感恩，代表了与人往来的三大基本动作。第三个"3"是什么呢？即思想、语言和行为。

这样一共分为54类。

比如：面对"祖国"，我们要使用什么样"感恩"的"语言"？

面对"老师"，我们要使用什么样"诚敬"的"行为"？

面对"同学"，我们要使用什么样"利他"的"思想"？

在具体教学中，对于小学生，可以再简化一些，"4×3×3"。

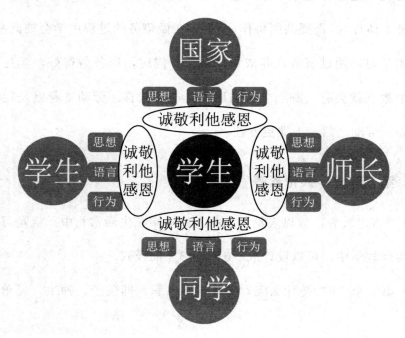

"4"是4种关系：父母、老师、同学（朋友）、国家，这样只教36种就可以。把这36条设计成一堂一堂具体的课程，把人伦一一落地。这样，教出来的学生走入社会，就是一个非常有德的人。

第三部分：礼乐教育

校园大型的礼乐活动，是育德的难得机遇。如：开学礼、敬师礼、国庆礼、祭祖礼、祭孔礼等。

古人为什么设这些礼呢？"礼者，天地之序也……序，故群物皆别。"在古人看来，开学是一件非常庄严的大事，慎于始，每个学生都要知道为什么上学，知道如何做个真正的读书人。

"皮弁祭菜，示敬道也"，老师们着装很标准，祭祀先人，表达恭敬。"《宵雅》肆三，官其始也"，唱诗经三首歌，读书为了成为能为人民服务的人。"入学鼓箧，孙其业也"，带好你的教具书包，整理好，表示尊敬学业。"夏楚二物，收其威也"，有校规和教鞭，让学生把习性收一收，知道学校很庄严。

《乐书》说："乐者，天地之和也，和故百物皆化。"像文化艺术演出、诗歌朗诵大赛、集体公益善行等，都是立德的好机缘。演出的目的不是为了做演出，是育德。曾经有一所高中，学生们有些叛逆，刚好学校举行大型文化演出，邀请他们表演，节目名字是《天下父母岁月长留》，他们准备了一个月，正式演出时感动了全场，他们自己也因此受到了感化，转变了思想，这就是最直接的教育。

　　文艺文艺，先文后艺，演出不是单纯的才艺表演，是育人。以"文"为体，以"艺"为载，文艺润化人心。学生们在礼乐中明辨善恶，体验人生，自我教育。习礼让学生变得庄严，作乐让学生变得活泼，这样教出的学生，落落大方，内心充盈，他的品德养成来自少年真实的体验。

　　教尊师，可以举办大型的尊师礼，让学生们真实体验。教孝亲，可以举办大型的孝亲礼，让学生们现场感受。教爱国，可以举办大型的爱国礼，让学生们参与互动。

　　教育本身就是模拟人生。今天学生们所经历的，都会成为他们内心永远的道德种子，待到他们长大以后开花结果，陪伴他们一生。

　　传道、养心、知行，三者一体，联合循环使用，德就育成了。

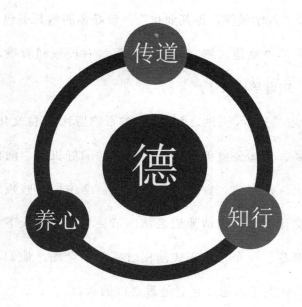

第七章　树人的探索

第一节　树人的理论构建

教育的确很神奇，我们对于教育的认知也是在不断探索之中。树人的理论是怎么构建的？一个人怎么就成为科学家了，怎么就成为文学家了呢？为什么同班两个同学，他非要当科学家，他非要当文学家，两个人为什么不一样呢？这是对生命的又一个认知问题。我们说立德，是因为发现了生命本善的存在。在树人这件大事上，存在着同样一个有趣的现象，叫天赋。在做教育中你会发现，每个孩子都有不同的天赋，就好像是与生俱来的。

学生并不是一张白纸。有一次学校来客人，问起学生们的志向，第一个学生说想当物理学家，第二个学生说想当化学家。我就逗他们，你们都去当物理学家、化学家了，我这经典岂不是白教了，没有人接我的班，以后谁往下传文化呢？他们还挺会讲道理，说："老师您别误解我们。第一，经典是基础课，每个人都要学。第二，我们班还是有学生想跟您一起研读经典的，但不是我，我就是喜欢化学。"学校里的学生们都比较真诚，跟校长之间不需要迎合，如果迎合就是被我们教坏了，失去了真善美。

我觉得挺奇怪，他为什么就想当化学家了呢？可能他会找个重要理由，说他因为看了哪本书。可是那本书好多人都看了，怎么就他想当化学家呢？生命真的是不可思议。对于每一个个体生命，我们应该保持一颗敬畏的心，不宜掺杂过多个人的色彩在里边。无论是作为一个老师，还是作为一个家长，尽量做到尊重每一个生命的独立性。

生命确实如此，每个人似乎都有自己的天赋。这个世界上人与人就是不一样，没有两个一样的学生。宇宙造人造得很奇怪，人的五官都是两个眼睛一个鼻子，但是没有长得一样的人，奇不奇怪？还有更奇怪的，我们说话的声音，100 个人有 100 种声音，总是有说不出的细微差别。奇不奇怪？哪怕说出的字都一样，比如都说"妈妈"这两个字，10 个人能说出 10 种声音，这就是大自然神奇的力量。

每一个人来到世界上，他就是不一样，天生就不一样，即便都是中国人，黄皮肤、黑头发，可就是不一样，有意思吧。

继续观察发现，原来这里面的不一样刚好符合自然界的规律。社会的需要一样吗？也不一样。科学家很重要，可是全中国十几亿人，不需要都当科学家。

每个学生的天赋不一样，而社会的需求端又不一样，这不就刚刚好嘛。因为社会需要各种人才，就出现了各种少年，大自然把一切都安排好了。我们要尊重自然的力量。

教育要做什么？从这里分析，树人的原理就显而易见。每个人带着天赋而来，而这种天赋把它培养好，刚好能满足未来社会的某一个需求，两端完美对接，老天多仁慈，把这一切都安排好了。

只是后来我们人为地把这一切秩序硬生生都给打乱了。父母介入，老师介入，定了个铁原则，语、数、英必须都 100 分。结果，每个学生的天赋发挥不出来，而社会的需要又满足不了。把学生都教成一模一样，符合自然界的规律吗？这样的教育是好的吗？

天生万物，各得其用，敬畏生命，敬畏自然，就会找到教育这条路在哪里。在立德上有教无类，人人都要有德。在树人上必须因材施教，因为每个"材"都不一样，天赋完全不同。大诗人李白说"天生我才必有用"，天生的，不是人造的。要敬畏这种生命的真实现象，敬畏自然。

自然界本来是这样子，作为一个教育组织，不能固执，不能是我说了算，这是扰乱天地造化之功啊！我们只是配合好这项工作，让桃树成为桃树，让李树成为李树。

"世上没有两棵不一样的树，世上没有两棵一样的树"。把这两句话同时放在一起，基本就明白教育的重要意义了。因为世上没有两棵不一样的树，所以教育必须有教无类。因为世上没有两棵一样的树，必须因材施教。两种教法必须同时出现。怎么进行融合？分阶段进行。

首先，回归教育使命，梳理学科体系。

站在人类文明的发展史上，教育一直在承载着历史的重大任务，就是把文明传承下去，保证人类的美好生活可持续。一旦人类的生活遇到困难时，首先回到文明这里找答案，比如说探求思想，比如说发展科技，人类对美好生活的追求也不断提升，人类文明也在不断进步，不往前走就跟不上时代，会产生很多新的矛盾。

新修订的《中华人民共和国教育法》第七条："教育应当继承和弘扬中华优秀传统文化、革命文化、社会主义先进文化，吸收人类文明发展的一切优秀成果。"这是教育本来的状态。从历史来看，教育的第一根本使命是为人类传承文明。

只有回到历史，才知道教育本来是什么样子。办教育不能执着，所谓必须怎么怎么样，好多都是后来人为规定的，能立还能破，让一

切事物回归本来面目，是每个教育者须做的功课。

人类从远古走到现在，从来没有改变的方向就是对美好生活的追求。在追求美好生活的过程中，人类逐渐探索、积累出了宝贵的文明。人类的文明一直在前进中，会创造出更加美好的生活。而这些宝贵的文明，也将成为我们立德树人的重要资源。

所谓人才，就是人类文明的继承者和实践者。继承了农业文明，就是优秀的农民；继承了工业文明，就是优秀的工人；继承了教育文明，就是优秀的教师。那么杰出人才呢？是人类文明的继承者和创新者。

从传承文明的教育使命来看，一所学校的课程体系里应该含有两大文明体系，以此来培养学生们的德和才。

培养数学人才，必须引入数学文明；

培养人文人才，必须引入人文文明；

培养政治人才，必须引入政治文明；

……

到这里我们谈到树人的两个根本要素：第一，学生们的天赋；第二，人类数千年的文明积淀。两个要素放在一起，树人的目标就会实现。

每个学生带着天赋而来，而人类在这些领域已经为他们积累了大量丰厚的文明财富，这时就要教育出场了，教育要干什么呢？根据学生的天赋，为他们寻找对应的文明体系，依此开展教学。这名学生有物理天赋，人类有浩瀚的物理文明；这名学生有文学天赋，人类有灿烂的文学传承。天赋与文明在学校这个大平台上汇聚，学生带着天赋走进校园，带着文明走向社会，人人皆是材，人人可成才，这就是树人的过程。

第二节　在博闻中发现

立德是滋养，树人是发现。想要发现学生的天赋，前提是他们必须接触到足够开阔的人类文明体系。

基础教育阶段，人文类学科以语文为代表；在小学阶段，主要任务是引领学生进入人类精神文明的殿堂。除了语文这个学科外，还有经典和历史。这个阶段的主要任务不是考试，是打开眼界。童年正是打开眼界的好时候，不广泛接触怎么知道他们的天赋是什么？

小学阶段以数学为代表的数理学科，重点是带领学生进入人类的物质文明殿堂。除了数学以外，可以增设自然科学、医学等。世界很大，都要看一看。

博闻文明需要识字，小学一、二年级识字基本结束。三、四年级开始大量阅读。过去把上学叫读书，要多读书，不要老去考试。

基础教育阶段

人文学科：引领学生进入人类精神文明殿堂

增设：经典、历史……

外语学科：引领学生博览世界文明

数理学科：引领学生进入人类物质文明殿堂

增设：自然科学、中医……

不仅有东方文明，还有世界文明，所以要加上一个外语学科，让学生博览世界文明。人类这么多文明可以了解，学生们能不喜欢吗？教材是索引，风景叫图书馆，老师就是解说员。学生说："老师，这块看不懂。"老师说："我来讲解。"打基本功，边看边学，学生们很兴奋，很快就进入了人类文明的思维。

基础教育六年时间，整个人类文明洋洋大观，都可以看一看，除几大基础学科，可以通过阅读课开阔视野。《博雅教育》提出，首先要博：文理交融，学科交叉，在广博基础上求深度；博学多闻，博古通今。先博，博之后求深度。西方教育者也发现，过早进入单一学科是不行的。

三年级的学生就可以认识2000个以上的汉字，教育要自信，要从过去的扫盲教育进入文明教育。小学的时间很珍贵，基础知识会了就行，重复写作业会浪费学生宝贵的时间，发生这一现象的原因是不知道小学教育的重点是什么，还要再搞什么排名，都是错误行为。

基础教育的重要使命是引领学生进入人类文明的大世界，为他后期选择作好准备，他将来要立志向，要找到自己的天赋，如果没有见识过这么多文明，如何选择？

人的天赋是在不断尝试中发现的，让学生试试天文，试试地理，试试农耕，试试写作……什么都试一试。

在小学或初中的时候，很多学生数学特别好，如果有人指引他进入数学文明的殿堂，说不定后来就成为数学家了。但大家没有走树人的道路，是因为没有发现天赋，而是在意分数。家长会跟孩子说："你数学可以了，不用再学了，你要补英语。"我们总是在补短板，而不是发挥长项，这和真正的育人精神是相悖的。所谓"偏科出大才"，这不是一句玩笑。现在的学生倒是不偏科，能考上重点大学的门门都是高分，就是不出大才。人生有限，你不可能同时乘两班列车。可是人们总是自不量力，总是想同时骑五辆自行车，骑不好还埋怨。殊不知，奥运会也没有全能冠军。在教育之初，不是骑五辆自行车，是把五辆自行车都推出来，让学生们每个都试一试，尝试多了就能发现哪一门学科最擅长。

教育要保持对每一名学生的敬畏，这是教育的原则。家长不要老是自作主张，给学生填报志愿时，"这个专业好就业"，你看到自己孩子的天赋了吗？总是把目光定在找工作上，这不是培养人才的思维。

126

有些人甚至都考到博士了，还愁着怎么找工作。能考到博士的学生怎么能没有天赋呢？为什么不去发现？

第三节　依其天赋成其所长

苏霍姆林斯基说："道德教育成功的'秘诀'在于，当一个人还在少年时代的时候，就应该在宏伟的社会生活背景上给他展示整个世界、个人生活的前景。"

在少年时要把握机会给学生们展示未来全景，袁隆平先生过世了，我们缅怀袁老，如果哪一名学生因此立下志向，将来要成为袁隆平爷爷，那我们就成功了。我们讲孔子，讲周恩来，讲钱学森，讲稻盛和夫，不停地讲给他们，看到学生们眼神亮了，他可能就是未来的钱学森。

想当教育家吗？给他们讲陶行知、霍懋征、孔子。民国十大教育家都看一看，张伯苓、马相伯、晏阳初、陶行知、蒋梦麟、蔡元培……这就是学校要做的事。

小学的时间很充裕，一名学生在一、二年级完成识字，如果一周读完一本书，一年可以读 50 本书。毕业前可以读到 200 多本书。世界这么大，要"关注"学生，不要"关住"学生，不能把学生们教成对外面世界啥都不知道的懵懂的小孩。

到了中学，要做什么？道法自然，成其所长。经过反复观察，终于发现了这个学生想成为袁隆平，那个学生想成为陶行知（而不是他只想考重点）。为什么他会想成为那个人，因为在阅读中他见到了那个人。见到才有可能达到。

如何成其所长？尊重大自然的规律，天赋加文明。天赋，与生俱来的天分；文明，人类灿烂的文明。我想干教育，我就学教育文明。他想干数学，他就在数学文明上一路驰骋。如果把数学文明的重要图书连看200本，到高三毕业时再选个对应专业读本、读研、读博，假设15岁立志，直线奔跑20年，35岁已经功成名就。所以，树人说来也不难，为什么有人不到20岁就能拿奥运冠军？因为走的是直线，直接按照天赋培养。为什么有人30岁还一无所长？什么都学过，什么都不精通。

小学阶段打好心性的地基，打好"博闻"的地基，到了中学就要迈步向前了。今年开学初，华夏学校让学生们报志向，结果报了十六七门，意愿很强烈，怎么办？还齐步走吗？不行。于是为他们开设了社团，根据社会的需要和他们的理想，成立了九大社团：

人文智慧社团、政法社团、理工科技社团、经世商学社团、军事家社团、国际外交社团、大医武社团、艺术家社团、教育家社团。

这些社团方向都是他们自己填报的，是学生们自己想干的事。学校负责满足他们的心愿，让他们保持对知识的敬畏，道法自然。

　　社团之于教育是重大探索，但也必须理论联系实践。于是我们反复召开社团教研会议，讨论社团的思想理论、方法、师资，一直在研究社团怎么运行，常常开会开到晚上 11—12 点。知之者不如乐之者，乐之者不如好之者。他们每天就这么钻研，乐在其中。

　　社团的创建带来了一个大家期待看到的现象：有的学生某一学科确实不行，有些自卑，但自从加入社团以后，他们的信心恢复了。见面不再谈分数，谈什么呢？谈梦想。这个梦想的内在就是心性教育下滋养出的那颗本善之心，外在就是自己发现的天赋。其实，每个少年都渴望找到自己的梦想。

　　教育做得对不对，用心基本能感知到。虽然社团目前还处在实验阶段，但我真切地感觉到，我们离成才越来越近了。虽然成立了社团，但他们还是要继续学习，基础课程，这是一个重要的前提。

　　教育的目的是为了树人，树人的前提是发扬每个同学的天赋，而发扬的前提是发现。

　　想要发现天赋，小学的时候就要多读书；同时立德、培养心性，为立志作好准备。作为一名教育者，应"坚持显性教育和隐性教育相统一"。如果立德跟不上，即使发现了某一天赋，因为心性不足，也支撑不住。所以显性教育、隐性教育都要重视，没有立德就无法立志，志不立天下无可成之事，即使有再好的天赋，没有志向，还是诸事无成。

　　小学阶段要借助语、数、英等学科打好基础教育的基础，各学科只是窗口，旨在打开学生的人文世界、科学世界。基础部分的语文、数学知识学会就可以，搞出那么多难题，意义在哪里？如果不知道小学阶段的教学重点，就可能避重就轻，文明给搁置了，甚至在知识上巧立名目搞竞争折腾学生，其实没有必要。

到了中学以后，随着知识的积累，学生的天赋被发现，学生开始选择，在心性世界里已经开始立志。孔子说："吾十有五而志于学……"人在 15 岁前后就可以立志了，前提是这名学生接受过合理的教育。十二三岁让他们进社团，保持两三年的调整期，到 15 岁志向基本就能确定。现在很多学生上了大学才发现，这个专业不是自己想要的，很苦恼，想换专业时间又来不及，白白浪费了四年。

一个人的志向是什么？为了人类社会的美好生活，长期致力于某一领域，并在此领域中作出重大贡献。所有有志向的人，为了人类的美好生活，都选择了各自热爱的领域，长期甚至一生都致力于自己的领域。

在立德上，"没有两棵不一样的树"；在树人上，"没有两棵一样的树"。尊重每一名学生，给学生一个广阔的空间。每个人都有本善，所以可以立德。每个人都有天赋，所以可以树人。从立德来说，教育是滋养；从树人来说，教育是发现。教育工作者就是唤醒他们的人，是发现者。

文明是人类共享的，如何获得？互联网、图书馆、社会资源……

很多渠道都可以。朱永新老师写过一本书叫《未来学校》，还有杨福家老师写的《博雅教育》，这两本书里都介绍过。在美国有的大学生发现，学校里老师所教的知识不足，于是选择到网上自学。一些著名教授把自己的课程放到网上去，大规模开放在线课程，"互联网＋教育"。

资讯快速发展的今天，图书业很发达，互联网更发达，即使不去大学校园，以其他形式一样可以学到某个专业的知识。这样的时代很适合搞多元化教育，学校变成一个大平台，平台上有整个世界文明供学生们去使用。学校变成学习中心以后，老师的作用是什么？提升学生们的心性、发现学生们的天赋，给学生们足够的空间。

再看下面这张图，通过立德教育，在输入端保证每一名学生都立德立志，然后根据他将来要干什么，给他什么样的文明教育。在输出端，他们要去满足社会需求，解决社会问题。他将来可能走向人文、政治、经济、科技、医疗之路，将来干什么，现在学什么。学得又专，又多，又快，这样的教育能提高效率。

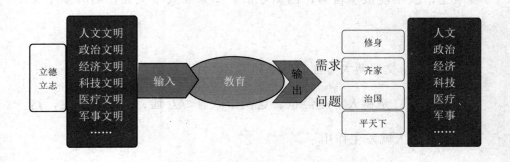

这些年探索下来，有两个词对我影响很大："心性"和"文明"。教育只有回到心性，回到文明，才能找到它本来的状态。如果不回到文明的高度，一切都容易被耽误。比如医学文明，现代条件下，并不是到了大学才能接触医学，年少就可以先打基础，大学开始冲刺。好的教育可以多出人才。

今天的很多学校已经成了孤岛，既没有关注输出，也没有研究输入。没有思考如何满足社会需求，学生们只是盲目地上完大学再去找工作。而在输入端，给他们立德、立志了吗？给他们引入这种对应的专业文明了吗？教育为什么不出人才？学生们为什么这么累？很多人虽然读的是师范，却没有见过真正的教育文明。文明的特征是能给人类带来美好生活。

还有人担心说，这样的教育思路很好，可是你的学生考不上大学怎么办？我哑然失笑，都成人才了，还担心上不上大学的问题，这不是庸人自扰吗？

这个社会的人才越来越紧缺，文凭越来越贬值。要解放思想，实事求是，就不能故步自封，因循守旧。如果非要个文凭，随时拿个文凭都可以。

从心性、文明两大方面看立德树人，心性是内圣，是立德，是立志；文明是外王，是树人，是经世。这两个联合，互通、互动、互生，这时立德和树人就发生作用了。

教育两支

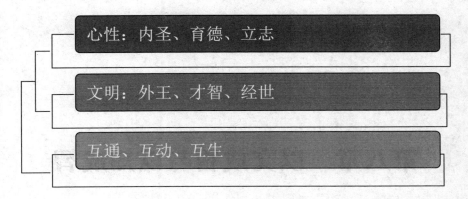

心性加文明，内圣加外王，立德加树人，两者联合互动，谁也离不开谁。有的学校搞过物理实验班，把一些物理天赋非常好的学生集中在一起，连续学 6 年物理，但是没有成功。为什么，第一，缺心性、没有立志。第二，缺文明，他们学的是物理知识，不一定是物理文明。奥林匹克数学竞赛和菲尔兹奖不一样，菲尔兹奖是数学文明，而奥林匹克数学竞赛却不是。

打通立德树人的理论，目标就能实现。敬畏生命，尊重教育规律，知晓学生的本善，关注学生的天赋，人人都是材，人人可成才。

第八章　以文成智与以知成智

第一节　什么是"智"

在德、智、体三项中，德与体容易理解，智是什么？值得我们探讨。

我们的教育目标是"培养德、智、体、美、劳全面发展的社会主义建设者和接班人"，因此可沿着这一目标来分析：

分数能代表"智"吗？一个善于考试的学生，未必善于建设国家。

知识能代表"智"吗？一个知道很多知识的人，如果不会使用，也不能造福社会。

智商能代表"智"吗？一个高智商的人，也可能危害社会最大。

那么，什么是智呢？

《中庸》中说："智、仁、勇三者，天下之达德也。""子曰：好学近乎智，力行近乎仁，知耻近乎勇。知斯三者，则知所以修身；知所以修身，则知所以治人；知所以治人，则知所以治天下国家矣。"

"三达德"中谈到的智，可以修身，可以治人，可以治天下国家，就是今天的智。

我们敬爱的毛主席、周总理、朱德元帅，他们不仅志向远大，德操高卓，他们的思想、才智更是过于常人，在一次次危机中他们用超人的胆识与谋略让我们国家度过重重困难，浴火重生。这是他们"大智"的体现。

首届国家最高科学技术奖得主、世界杂交水稻之父袁隆平院士，50多年来始终在农业科研第一线辛勤耕耘、不懈探索，从事杂交水稻研究，为解决中国人的吃饭问题做出了重大贡献，为人类运用科技手段战胜饥饿带来绿色的希望，更为社会进步树立了丰碑。袁隆平院士的杰出成就是他"大智"的体现。

一名好市长好公仆，思想解放，锐意改革，全心全意为人民服务，带领百姓实现美好生活，这是"智"。

一名优秀的科技工作者，科技创新，技术攻关，填补国家的科技空白，提高国家的科技实力，这是"智"。

一名优秀的企业家，运筹帷幄，带领员工服务顾客，为国家创造财富，为员工创造幸福生活，这是"智"。

一名医生，医术高明，治病疗伤，救人于危难，这是"智"。

一名教师，教书育人，桃李满园，精心为国家培养人才，这是"智"。

什么是"智"？一个人服务国家、造福社会的思想与能力。

第二节　智育教育的反思

在智育上我们的教育进展如何呢？成绩很大，问题不小。

2014 年，中国科学院院士施一公曾对"中国教育"直言不讳，他说："如今我们的 GDP 已经全球第二，但是看技术革新和基础研究的创新能力，作为一个国家我们排在 20 名开外。我不知道在座的哪一位可以心安理得地面对这个数字。我们有 14 亿人口，我们号称我们勤劳、勇敢、智慧，我们号称重视教育、重视科技、重视人才。我们改革开放三十多年，还可以找各种各样的理由，我们还是刚刚起步，'文革'刚刚结束三十多年，但无论怎么样，我希望大家能有这样的意识，就是我们的科技实力、创新能力、科技质量在世界上排在 20 名开外。

"四月份我在瑞典皇家科学院年会上领奖，在晚宴的时候，跟一位瑞典的知名教授聊天，谈到中国的科技发展，他很不屑一顾，我觉得很委屈、很愤懑，但是我轻描淡写地说了一句：'不管怎么说，我们国家登月已经实现了，你们在哪儿？'但他回敬了一句，让我说不出话。他说：'施教授，如果我们有你们中国的经济体量，我们能把五百个人送到月球上并安全回来。'"

是国家对"智育"不重视吗？数学、物理、化学、生物，都是高考必考大科，数学 150 分，物理、化学、生物三科合卷的理综总分为 300 分。

是我们在"智育"上努力不够吗？全世界最累的学生可能就在中国，小学生写作业写到晚上十一点，高中生每天只能睡五六小时，这是常事。

是中国人天生"智商"不足吗？杨振宁、李政道、丁肇中、李远哲、朱棣文、崔琦、钱永健、高馄、丘成桐、陶哲轩，这些华裔科学家怎么就能取得如此卓越的成就呢？

需要对我们在智育教育上做深刻的反思了。

第一，正如前面谈到的，德育教育的不足，严重拖拽了智育的发展。志不立，天下无可成之事，没有大德，难成大才。许多学生虽然有很好的天赋，可惜志向不够高远，缺乏家国情怀，只图"利在一身"，即使有机会成为一省的高考状元，留学常春藤名校，目标也只是想谋得一点个人富贵而已。

第二，智育教育的方向偏差。

菲尔兹奖从1936年起开始颁发，被世人誉为"数学中的诺贝尔奖"，20世纪伟大的数学家赫尔曼·韦尔曾对1954年两位获奖者做出评价：他们"所达到的高度是自己未曾想到的""数学界为你们二位所做的工作感到骄傲"。菲尔兹奖要奖励给什么样的人呢？那些用数学为人类做出突出贡献的人。

再看看我们在小学阶段一直推进的数学教育，拿一道小学三年级的例题来看：

下图是一张长方形纸，从这张纸上剪下一个最大的正方形，剩下图形的周长不可能是（　　　）厘米。

A. 16　　　　　　　　　　B. 24　　　　　　　　　C. 28

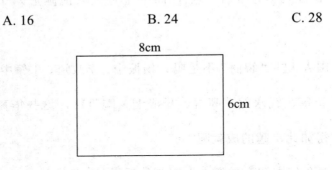

8cm

6cm

答案是 B，为什么，您绞尽脑汁想一想。

表面看，这道题也没什么，很正常。冷静分析一下，数学教育难道就是要完成这些工作？确切地说，这不是智育教育，这是大脑游戏。如此练习下来，传承数学文明、培养数学人才的学科宗旨怎么能实现呢？

不同的教育思维，必然演化出不同的教育模式，也必然产生不同的教育成果。数学、物理、化学、生物，这些学科的根本宗旨就是传承与发展科技文明，以此增强学生造福社会的能力。宗旨决定了教学内容，宗旨决定了教学方法，明体方能达用。如果不以培养人才为目标，按照学科宗旨安排教学，智育教育的效率就上不来，结果一定差强人意。

当这种教学模式被普遍长期使用以后，人们会习惯它，因循它，不敢探究追问，不愿接受"这里可能有问题"这一事实。最终，苦的是学生，累的是老师，误的是国家。

同样的情况也出现在人文社会科学领域。目前，在哲学社会科学领域占据最高学术地位的，仍然是"五四"一代学者，像陈寅恪、王国维、刘师培、黄侃、辜鸿铭、熊十力、梁漱溟、李大钊、陈独秀、胡适之、鲁迅……已经成了一个现代教育所无法达到的高峰。而当年教育界的马相伯、梅贻琦、蒋梦麟、张伯苓、陶行知、晏阳初……一个个"先生"的背影，至今依然令人仰慕赞叹。

可是今日呢？数百所的文科院校，数十个文科专业，每年数百万的毕业生，我们培养出了多少人文大师，多少文学巨匠，多少教育名家？

第三节　以文成智

语文、历史等人文学科想要培养出人文大师，必须做一个转变，就是"以文成智"。通过老师正确的教育，依托文字、文章，向真正的智育迈进。这里的智育，育的是什么？人文思想。"知所以修身，知所以治人，知所以治天下国家"。

注意，这里谈到的思想不是指一般的个人观点，因为在个人观点里有很多是妄想绮思，传播出来会扰乱人心，误导大众。

思想的特征是源于真理，用于实践。

《学记》说："虽有至道，弗学不知其善也。"一名学生自读书起，必先接受"传道"，通晓万事万物的规律——真理。真理源于哪里？"道法自然"，真理本源于自然，圣贤从自然中领悟大道，传诸后人，以化解天下家国之事。

那么，这些道理学了以后，要用来干什么？用于实践，用于人类福祉，用于创造美好生活。"只有人们的社会实践，才是人们对于外界认识的真理性的标准。"（《毛主席语录》）不能指导客观实践的"思想"，只是观点而已，没有思想，何谈有"智"。

文化思想为什么如此重要？

北宋大儒张载说："为天地立心，为生民立命，为往圣继绝学，为万世开太平。"

南怀瑾先生说："一个国家亡了不怕，是可以复国的；最怕自己国家民族的文化整个亡掉，那就翻不了身了。诸位青年同学千万要注意，将来的时代，我们的文化要你们年轻一辈的挑啊，不能使自己国家民族的文化种子断绝。"（《孟子与离娄》）

毛主席说："没有文化的军队是愚蠢的军队，而愚蠢的军队是不能战胜敌人的。"

企业家经营企业，要不要深谙治业之道？没有思想，如何治业？校长办学校，要不要深明育人之道？没有思想，如何育人？

治家，要靠思想；治业，要靠思想；治国，要靠思想。

人文学科，肩负着传承人类精神文明、造就人文大师、培养思想领导型人才的时代重任。

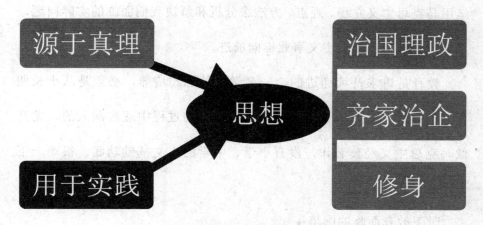

2009 年，时任中央党校校长的习近平说："传统文化中的许多优秀文化典籍蕴含着做人做事和治国理政的大道理。所谓'半部《论语》治天下'，讲的就是这个意思。领导干部多读优秀传统文化书籍，经常接受优秀传统文化熏陶，可以提高人文素养，增强对人与人、人与社会、人与自然关系的认识和把握能力，正确处理义与利、己与他、权与民、物质享乐与精神享受等重要关系。"

2011 年，习近平再次强调："领导干部要把学习马克思、恩格斯、列宁和毛泽东同志的重要著作与学习《邓小平文选》《江泽民文选》和党的十六大以来以胡锦涛同志为总书记的党中央提出的科学发展观等重大战略思想紧密结合起来，深刻理解中国特色社会主义理论体系的重大理论意义和实践意义。

"只有认真学习马克思主义经典著作，系统掌握马克思主义基本原理，才能完整准确地理解中国特色社会主义理论体系，才能创造性地运用马克思主义立场、观点、方法去分析和解决我们面临的实际问题，不断把中国特色社会主义事业推向前进。"

教育是讲求持续递进的，一名学生的思想培养，必须是从小长期积累的过程，是在理论与实践中反复研磨的过程中逐步深入的。尤其像马克思主义经典著作，没有小学、中学的人文基础功底，很难一下子理解。

时下教育面临的困境：

一、我们的教育要"为国家培养社会主义建设者和接班人"，做事业要靠思想，治国理政要靠思想，这些都要依靠思想的力量。而现实的校园教学里偏重于知识教育，人文学科设置严重不足，学生们没有机会坐下来按照学科建制，系统地进行人文思想长期熏修。学校教育和思想传承彼此几乎脱离。没有思想方面的储备与探索，如何"育智"？我们不敢想象，把国家托付给思想底蕴不足的年轻一代，会发生什么。

同时，由于基础教育阶段对于传统文化和近代历史的学习薄弱，也造成了大学生们后来学习马列主义、毛泽东思想时理解上的困难。

二、唯一设立的语文学科，因为被高考绑架，只是在如何提分上用心思，诸如"文以载道""文以传道"，落实不了。

1979 年初，作为唯一的小学语文教师代表，国宝教师霍懋征参加了在长春举行的全国 23 个省、市中学语文教学会议。会上，有些代表发言说："对学生进行思想品德教育是各科教学的任务，不能强加于语文教学，这样会两败俱伤。"轮到霍懋征发言的时候，她提出反对意见："离开了对学生的思想品德教育，离开了育人的大方向，我们的语文课便失去了存在的价值。文章是为什么而写的？文以载道，文章无不为宣扬某种道理、传达某种感情而写的。一篇文章立论越深刻，章法和语言运用得越精彩，它的教育作用就越大、越久远。'文'与'道'永远应该是统一的。通过文章对下一代进行思想品德教育是千古不变的规律，怎么能说'两败俱伤'呢？"

在霍懋征 60 多年的教学过程中，她从来没丢下过任何一名学生。1981 年，在北京市毕业生统考中，霍懋征带的班试卷获得了令人吃惊的成绩：全班 46 个学生中除了两篇二类文，其余 44 人的作文都是一类文。霍懋征的语文教改实验成功了。

2011 年 7 月，人民教育出版社出版了人物传记《把爱献给教育的人——霍懋征》，霍懋征教师的语文教学思想，对于今天的语文学科依然具有十分宝贵的现实意义。

三、近年来传统文化回归，很多学生开始读诵经典，可是到底要"怎样教经典"，这是一个现实问题。有的家长老师以学生会背多少经典为骄傲。然而，背诵经典只是为进一步学习经典打基础，如果只知道背诵，不能用于实践，就与智育无关，朱熹和王阳明都批判过这种教法。

王阳明在《社学教条》里讲："后世记诵词章之习起,而先王之教亡。"朱熹说:"自是以来,俗儒记诵词章之习,其功过于小学而无用。"圣贤著经典是为了什么呢?仅仅是为了让大家记诵吗?经典教学如果不能学以致用,会把人教成书呆子。孔乙己就没有被培养出造福社会的"智"来。

如何以文成智,三个点很重要。

学科教学要靠教材作支撑,因此教材的选编非常重要。何谓智,对社会有利的智慧才能。从人文智慧划分来看,《道德经》《易经》《论语》《孝经》《管子》《孙子兵法》这些经典,都属于"智"的范畴。怎样根据学生的不同阶段,为学生选编出"育智"的教材书籍来,这是现代教育必须解决的课题。

刘向说："书犹药也，善读之可以医愚。"

歌德说："读一本好书，就是和许多高尚的人谈话。"

托尔斯泰说："理想的书籍，是智慧的钥匙。"

雨果说："书籍便是这种改造灵魂的工具。人类所需要的，是富有启发性的养料。而阅读，则正是这种养料。"

为学生挑选出有深度、有正见的好文章，为学生编写出有情感、有思想的好教材，为学生推荐出有内涵、有价值的好书籍，都是教育工作者的本职工作。肚里无书，心中无智。仅靠个人一点天赋，怎么能应对未来时代的挑战呢？

习近平说："古人云：'经师易求，人师难得。'一个优秀的老师，应该是'经师'和'人师'的统一。"要想开启学生的"智"，首先要有一批有"智"之师，这对于未来的老师提出了新的挑战。有了教材、书籍，老师通过带领学生读书、学习经典，培养学生做人做事的思想能力，这才是我们的职责，而不只是识几个字，作几篇文。

采用什么样的教学方法，要依据什么？看它能不能实现我们"育智"的目标。"故君子之教，喻也。道而弗牵，强而弗抑，开而弗达。道而弗牵则和，强而弗抑则易，开而弗达则思，和易以思，可谓善喻矣。"通过这些方法，让学生们有思想，懂得分析问题，对于人类命运、家国大事，有了正确的洞察与思考。

我在给学生教《孝经》的时候，比如，讲到"三才章"时，我给他们留的作业是以《如何治理一个县》为题作文，学生们积极动脑，写得很投入。把这些基础打牢了，高中、大学以后再来读《毛泽东选集》《马列主义文集》，人文之智就打开了，直接奔向我们的奋斗目标——"社会主义接班人"！

第四节　以知成智

知识教学当前遇到的困难，其实是教育的方向问题。对此，我们必须注意以下几点：

第一，知识教学必须坚持"传承人类文明"的正确方向。

为了发展科技生产力，我们必须学习科技知识，但是不能钻到知识的迷宫里出不来。我们学习知识的目的是学以致用，造福人类。分数不等于智育，一味地抓分数，肯定不能完成"培养杰出科技人才"的历史重任。

科学巨匠爱因斯坦曾大声疾呼："你们只懂得应用科学本身是不够的。关心人的本身，应当始终成为一切技术上的奋斗的主要目标！以保证我们科学的成果造福人类，而不致成为祸害！"

借用这句话再修改一下："我们只懂得教数、理、化是不够的。关心知识的价值与作用，应当始终成为所有教师奋斗的主要目标！以保证我们的教育造福人类，而不是贻误子孙！"

"中国留学生学习成绩往往比一起学习的美国学生好得多，然而十年以后，科研成果却比人家少得多。"（杨振宁《曙光集》）这样的结果已经在提醒我们，必须改变学习模式。

第二，长期过量地刷题，不仅不能益"智"，而且会损"智"。为什么呢？在刷题过程中，一类学生是成功者，一类学生是失败者。成功的学生，以获得分数而沾沾自喜，沉迷于此，久而久之，他们做题的"能力"被强化，独立分析问题、解决问题的能力被弱化，成为考试的机器，原创能力被严重损伤，到最后甚至连一篇毕业论文都写不出来。

为什么过量地刷题会损伤人的创新思维和综合能力（智）呢？我们的大脑容纳资讯的空间虽然很大，但不是永无止境，它如同一台电脑，内存有限。如果大脑长期处于"无现实意义""无社会价值"的文字和问题之中，它的内存会被过度开发和占用，存储和重组有用信息的能力就会大大减弱。

很多善于考试的学生，搞科学研究反倒不行。而那些在刷题里失败的学生，被周围的老师、家长早早贴上"差生"的标签，失去自信，失去成长空间，即使天赋里有发明创新能力，在这种错误的比赛规则中，也让他们毫无机会可言。

大科学家牛顿小学时成绩一般，中学时学业才开始有起色，但不属于"学渣"也不是"学霸"，他唯一的特点就是爱思考和动手能力强。爱因斯坦1879年出生在一个德国的犹太家庭，小时候的爱因斯坦被认为发育迟缓：他学习说话很晚，父母还为此带他看过医生，直到两岁多时，他仍然只能说出些简单的单词。上学后的他还喜欢顶撞老师，有的老师甚至断言他不会有出息。大学毕业后找工作很难，他一边做家教一边申请做教授助手，毕业九年后，他才被授予了一个初级教授职位。今天受全国人尊敬的钟南山院士，小时候的学习成绩也不好，经常逃学，还留过级。后来良好的家庭教育对他的人生起到了重大作用。这些人在早期考试上都不见长，可是他们对人类社会的突出贡献是显而易见的。

第三，知识教学在不同阶段的目标任务不同，分工必须明确。

在基础教育阶段，一是生活常识的学习，学而能习，知用合一；一是人类文明的博览，打开视野，激发兴趣。比如数学，一个是生活数学，一个是兴趣数学，让学生从小了解数学，会用数学，爱上数学，而不是早早扎到数学题海里，却不知数学为何物。

"教之道，贵以专"，知识教学到了后期，必须尽早进行分科，专攻一长，方有大成。凡是在科技领域有所作为的人物，都是在一个学科深耕数年。像梁启超家族，一门三院士，九个子女都成为杰出人才：建筑学家梁思成，考古学家梁思永，航天学家梁思礼，诗词研究专家梁思顺，炮兵上校梁思忠，图书馆学家梁思庄，经济学家梁思达，社会活动家梁思懿，革命军人梁思宁，九人所学不同，各有所长。

这个道理如同体育界的明星，姚明——篮球，邓亚萍——乒乓球，郎平——排球，李宁——体操，李娜——网球……成大才者必专一长。

有一个历史故事"常羊学射"：常羊学射于屠龙子朱。屠龙子朱曰："若欲闻射道乎……叔进曰：'置一叶于百步之外而射之，十发而十中。如使置十叶焉，则中不中非吾所能必矣。'"没有人能成为全能冠军，基础知识部分打牢以后，专业分工分科才是通往杰出人才的大道。

今天我们评价一名学生，第一句往往就问，"考了多少分"，第二句往往就是，"考上了哪所大学"，然后就没了下文。大家的焦点往往都关注在这里，学生的专业天赋常常被成绩和名校所掩盖，甚至某一方面很有特长的学生，还可能会被认为是"偏科"。"如使置十叶焉，则中不中非吾所能必矣"，多学科并进、过度关注总成绩不是培养专业人才的合理教学模式，提前消耗了学生的能量，降低了人才培养效率。

第四，高端科技人才的培养，如同盖楼，必须先打好地基——德，而不能上来直接拼智商。近年来，曾有学校尝试把数学、物理、化学天赋很高的学生选拔出来，集中办班定向培养，最终没有成功，为什么呢？我们看看前人的经验。著名科学家钱伟长，他的叔叔近代著名的国学大师、史学大师钱穆从小对他的影响极大。1931年，钱伟长以中文和历史两个100分的成绩进入了清华大学历史系，而他的物理只考了 5 分，同年发生九一八事变，钱伟长决定弃文从物，立志转学物理。

中国"两弹一星"元勋钱三强的父亲钱玄同是中国近代著名的语言文字学家，深受章太炎、陈独秀、李大钊、严复、胡适等一批进步思想人物的影响，在这样的家庭环境中成长起来的钱三强，从小就接受了良好的教育和进步思想的熏陶。钱伟长与钱三强学习物理起步都很晚，却在物理学界取得如此卓越的成就，与他们从小的思想积淀、德行培养关系非常密切。

西南联大是世界教育史上的奇迹！这所只存在了 8 年的"最穷大学"，却被誉为"中国教育史上的珠穆朗玛峰"。为什么成就如此巨大？从西南联合大学校歌的"勉词"里可见一斑："西山沧沧，滇水茫茫，这已不是渤海太行，这已不是衡岳潇湘。同学们，莫忘记失掉的家乡，莫辜负伟大的时代，莫耽误宝贵的辰光。赶紧学习，赶紧准备，抗战、建国，都要我们担当！同学们，要利用宝贵的时光，要创造伟大的时代，要恢复失掉的家乡。"（词：冯友兰）这就是精神的力量。

如何借由知识学习"以知成智"，为国家培养出杰出的科技人才？

第一，要调整学科方向；

第二，要调整教学内容；

第三，要调整教学安排；

第四，要调整教学方法。

在诺贝尔奖获奖名单上，英国凭借 130 人数量高居第二，德国诺贝尔奖总数 108 人居第三，瑞典的诺贝尔奖获得者为 31 人，瑞士获奖总数是 26 人。欧洲这些国家在智育教育上取得了如此骄人的成就，他们的教育经验和模式，值得我们学习和借鉴。

在教育中，有哪些做法是育智呢？我们可从一些名人名言中窥见一斑：

自己动手，自己动脚，用自己的眼睛观察——这是我们实验工作的最高原则。

——巴甫洛夫《心理学》

我的人生哲学是工作，我要揭示大自然的奥妙，为人类造福。

——爱迪生

要解放学生的头脑、双手、脚、空间、时间，使他们充分得到自由的生活，从自由的生活中得到真正的教育。

——陶行知

以新知识，新文化，扫除全民族的愚昧和落后。教育人人，则人人得治。人人自治，则社会必良。社会改良，则人才必盛。

——孔昭绶

个人要在社会中成为有力的分子，下功夫培养造福社会的能力，把自己造成社会中一个有力的分子。

——朱光潜

有能力的人，要为人类谋幸福，这是任务。历史中有很多具有创意、有抱负的人和群体，同心合力，在追求无我中，推动社会改革进步。

——李嘉诚

教育改革和发展规划最重要的一条就是要减轻学生过重的课业负担，启发他们的智力和能力，让他们学会动脑、动手，学会做人，使他们有坚强的意志和强健的体魄。

——温家宝

要在增强综合素质上下功夫，教育引导学生培养综合能力，培养创新思维。

——全国教育大会

第九章 心性的力量

第一节 心性与心理健康

在做教育的过程中，我们一直在思考，教育到底有没有标准？总结了下面这一段话：

如果对教育的得失成败有唯一一个可以判断的标准，我认为，那就是心性！一名学生是否曾接受过正确的良好的教育，当下的心性是最好的证明。

我曾写过一篇随笔——《成长的无奈》：

父母大多都是爱学生的，可是让每个父母都以最专业的方式来爱，这个很难，所以多数父母把希望寄托给了学校。学校的重点是抓分数，分数是十六年顺利过关的通行证。可教育的重点在哪里？心性！

一个人走出校门后，他所有的美德都是心性的显现，比如仁爱、自信、自制、淡泊、乐观，他所有的问题也都是心性的显现，比如贪婪、投机、胆怯、冷漠、混乱等，这些直接影响着他后来的就业与婚姻，成为他一生的命运。

不要惊讶一个柔顺少年到了中学突然变得很叛逆，看看他的心就知道了。不要惊讶一个人上了大学也会给室友投毒，车撞了人又会将其杀掉，看看他的心就知道了。

不要惊讶拿着本科毕业证宁可宅在家里也不愿意工作，找到也干不了，看看他的心就知道了。

不要惊讶受到多年教育走上高位后，依然贪得无厌，看看他的心就知道了。一名学生的前途命运，不是突然出现的。少年成长路上，早就有了前兆，观察他的心性能够看到痕迹。

一名学生是否曾接受过正确的良好的教育，当下的心性是最好的证明。

没有坏学生，只有心灵受伤的学生。

在不能关注到心性成长的教育环境下，一名学生受教育的时间越长，心受到的伤害可能就越重。

如果您把小学一、二年级和大一、大二的学生拍一段视频对比，基本就看清楚了。

小时候朝气蓬勃的，后来有的却垂头丧气。

小时候积极举手的，后来有的却消极沉默。

小时候天真淳朴的，后来有的却心事重重。

小时候自信阳光的，后来有的却自卑胆怯。

小时候乐于助人的，后来有的却麻木冷漠。

在不能关注心性成长的环境下，分数像一把刀，很多学生被割得遍体鳞伤，厌学，自卑、叛逆。

在不能关注心性成长的环境下，父母的期望越大，学生越痛苦。现象是：父母说都是为了你好，学生说我不要，我受够了。

在不能关注心性成长的环境下，我们不知道学生真正应该学什么，做什么。为了一本证书，损伤了小树的根脉，顾了当下，却失去了未来。

这样的故事，每天都在继续。

学生们在一天天长大，我们怎么办……

近年来，大中学生心理疾病开始爆发，数量居高不下，空心病、抑郁病、自残、跳楼……。昨天可能还和同学、老师在一起学习，今天人已经走了。作为教育工作者，面对这些悲剧，我们忍不住要问，问题到底出在哪里？

2014 年，山东师范大学对本省中学生抽样调查，调查样本中，中学生的抑郁障碍检出率为 18.9%，明显高于 15% 的全国检出率。高一学生在调研样本中的抑郁水平最高，女生抑郁程度明显高于男生。香港《大公报》2016 年报道，一项调查发现，超过 60% 的香港中学生出现轻微至非常严重的抑郁症状，近半时间有自杀或自残念头。为什么一个天真可爱的学生，到了中学就抑郁了？这和他所经历的教育有关。

第一，以考试、排名和大量写作业为主线的教育模式，无暇顾及学生的心性，严重耗损着学生们的身心健康，十六年下来，分数越来越高，心理问题却越积越多。经常性的班级排名次、批评、恐吓，造成学生心理高压，而学生们还是小树苗，难以承受，长年累月地生活在自卑、孤独、恐惧中，最终产生心理疾病。

第二，父母给学生寄予过高的期望，甚至产生只能成功不准失败的要求，稍有不如意，就指责、贴标签、发怨气。不是每个学生都具备考高分的能力，这种不合理的要求和急于求成的教育，造成学生极大的心理负担。

第三，体力劳动、户外运动，这些项目一再被弱化，甚至被取消。学生没有时间运动，没有机会流汗，体内因不良情绪所形成的毒素无法及时代谢出去。久坐伤脾，久视伤血，越积越重，终成顽疾。

第四，快乐是心性的上等养料，而像集体拓展、校园礼乐这些轻松的课程，几乎被应试科目占用，学生们长期愁眉不展，面无血色，忧郁成病。

第五，德能养心，善生欢喜，因为教育理念的偏失，德育课程在学校和家庭中基本被闲置，心灵之树长期失去善水的浇灌，自然生病。

学生们患抑郁症，除去个别是先天性的，大部分与学校和家庭的教育有关，想治好这些病，从哪里下手？心性！心性好了，这些病就全都好了。

改变这种状况，必须痛下决心。教育到底应该怎么做？

一名学生 6 岁上学，12 岁上初中，18 岁上大学，22 岁大学毕业，这样一路走过来，有三点是关键：心性、身体、知识，这三点各有什么特征？

心性：有严格的时间性，0—15 岁是最关键时期。心性既不能靠一堂课就搞定，也不能拿一张考卷来判断，需要持续的时间量来滋养。而且，一旦心性出了问题，过了 20 岁几乎难以恢复，贻误一生。所以，心性培养要趁早，需要长时间关注，就像一棵小树一样，没有十年的时间就长不了那么高。

体质：直接关系一个人一生的健康，它也有严格的时间性，从小开始，0—15 岁是关键时期，18 岁以内基本长成了，它需要持续的时间量来锻炼，一个人一生的身体健康基本是在少年时期打下的底子。

知识：可以终身学习，没有严格的时间界定。早期的知识学习主要是为了两件事：一个是学会生活，二是应对高考。而真正有价值的知识学习是在哪一段呢？立志以后。高考虽然重要，但是不能十二年全程高速前进，这样会拖垮自己。

在这三门当中，唯有哪一个有可延期性？知识。哪两个不能等？心性和身体。在小学教育阶段，必须把心性和身体作为重点，知识教学可以放缓。知识学习是有先后要求的，不能提前，按照古人的教学顺序，"弟子入则孝，出则悌，谨而信，爱众而亲仁，行有余力，则以学文"。

教育要根据学生的身心发育，做出科学的整体安排。如果 6 岁到 12 岁抓住心性，初中生就不会出现那么多问题。许多家长和老师们不知道心性对人一生的重要性，更不知道如何观察心性。在小学阶段错过了宝贵的心性成长时期，所有目光都集中在分数上，甚至喊出了"只要学不死，就往死里学"的吓人口号。当学生的心性已经出现了严重问题时，家长和老师似乎完全不知情，还在雪上加霜，最终酿成大错，学生倒在了求学的路上。

有时我也在想，如果老师和家长再专业些，观察再仔细些，那些跳楼的学生，他们的生命或许就能拯救回来。我们的教育，离"心性"还有多远的距离？

这是我写给学生们的一首诗：

在每个孩子心中，

都有一片天空，

在那里，

天是蓝蓝的，云是白白的，

太阳是暖暖的，

风儿自由地吹，

鸟儿自在地唱。

在每个孩子心中，

都有一个世界，

在那里，

爸爸是高高大大的，

妈妈是温柔慈爱的，

老师是和颜悦色的，

同学蹦蹦跳跳，

童年似水如歌。

在每个孩子心中，

都有一个梦，

在那里，

天空是纯净的，

世界是和美的，

人们是真诚的，

老师和爸妈是一家人，

一起呵护着他们长大。

第二节　心性与杰出人才

2005 年，温家宝总理在看望钱学森的时候，钱老感慨地说："这么多年培养的学生，还没有哪一个的学术成就，能够跟民国时期培养的大师相比。"钱老又发问："为什么我们的学校总是培养不出杰出的人才？""钱学森之问"是关于中国教育事业发展的一道艰深命题，需要整个教育界乃至社会各界共同破解。

什么是杰出人才？为了人类社会的美好生活，在某一领域做出重大贡献的人。政治、军事、科学、教育、人文、经济……各领域都需要杰出人才。

谈到杰出人才，我们首先会想到高学历、高考状元、奥林匹克竞赛获奖者，我们认为这些人最容易成为杰出人才。杰出人才和学历关联度有多大？是不是有了高学历就能成为杰出人才？

2007年，中国校友会网、《大学》杂志和21世纪人才报等联合编制了《中国高考状元职业状况调查报告》，课题组历时6个月，首次针对1977—1998年我国各省市自治区高考状元的职业状况进行调查。在可统计到的350多名高考状元中，调查发现：高考状元职业的实际情况与社会期望大相径庭，他们当中没能出现行业的"顶尖人才"，大多在职场上显得"默默无闻"。

在杰出人才中，学历平平的大有人在。明朝全能大儒、人称"明朝第一人"的王阳明，科举考试两次落榜；清代中国传统文化的集大成者、晚清中兴名臣曾国藩，曾经六次落榜；清华四大国学导师之一陈寅恪，没有正式的学历；国学史学大师钱穆，中学教师，没有高学历；中国科学院院士、大数学家华罗庚，初中毕业文凭。

在创造"经济奇迹"时代的日本有四位企业家被称为"经营之圣"：

松下幸之助、本田宗一郎、盛田昭夫、稻盛和夫，两位没有学历，两位有学历，其中稻盛和夫先生仅毕业于日本的地方大学。

在杰出人才中，学历耀人的也很多。钱学森毕业于国立交通大学，钱伟长毕业于清华大学，钱三强毕业于北大和清华大学，邓稼先毕业于西南联大，竺可桢毕业于哈佛大学，费孝通毕业于燕京大学，屠呦呦毕业于北京大学，袁隆平毕业于西南农学院（现西南大学）……

学历与杰出人才有没有关系？有，但不是绝对关系。就是说，高学历容易出杰出人才，但不等于就是杰出人才。如果我们只是一味地按照高学历这条线努力培养杰出人才，未必奏效。

王阳明、曾国藩、华罗庚、钱学森、袁隆平、稻盛和夫，这些都是杰出人才，他们一定有相同的地方，到底在哪里？

心性！

这些人物学历虽然有高有低，心性却都是一样的高。

他们为什么能取得如此伟大的成就，难道就是因为他们比一般人聪明？听听这些话语，就知道他们内在有着怎样的世界，也就明白了。

钱学森说："我作为一名中国的科技工作者，活着的目的就是为人民服务。我个人仅仅是沧海一粟，真正伟大的是党、人民和我们的国家。我的事业在中国，我的成就在中国，我的归宿在中国。"

钱伟长说："我没有专业，国家的需要就是我的专业。为了中华民族的繁荣富强，我要献出全部学识智慧。"

袁隆平说："我做过一个梦，梦见杂交水稻的茎秆像高粱一样高，穗子像扫帚一样大，稻谷像葡萄一样结得一串串，我和我的助手们一块在稻田里散步，在水稻下面乘凉。我一生最大的愿望就是让人类摆脱饥荒，让天下人都吃饱饭。"

毛泽东说："盖古今所有文明之真相，皆发于心性而成于物质。心之伟力如斯，国士者不可不察。"

稻盛和夫先生说："企业家有什么样的心性，就会做成什么样的企业。"

培养杰出人才的秘诀是什么？培养心性。

同样，成为雷锋、时传祥、王进喜、郭明义这样的时代楷模，也是因为心性。雷锋说："如果你是一滴水，你是否滋润了一寸土地？如果你是一线阳光，你是否照亮了一分黑暗？如果你是一粒粮食，你是否哺育了有用的生命？"

时传祥说："宁肯一人脏，换来万家净。"

王进喜说："没有石油，国家有压力，我们要自觉地替国家承担这个压力，这是我们石油工人的责任啊！"

郭明义说："一个共产党员，要为党、为国家、为人民的事业奉献自己的一切，这是天经地义的，不需要任何理由！"

他们虽然战斗在普通岗位，心性却超出普通人。未来有一天，即使我们的学生没有考上名牌大学，但是却有王进喜的精神、郭明义的品德，难道我们不为之骄傲吗？

一名学生从小养成极高的心性，长大无论从事什么行业，都能为社会做出突出贡献。反之，当一个人心性不足时，即使是高考状元、学霸，恐怕也难堪大事。奥林匹克数理化竞赛中国学生屡获大奖，到后来世界科学大奖却所获甚少，究其原因，问题不是出在智力水平上，而是心性。

第三节　心性教学中的错误

那么，为什么我们的学生心性起不来，什么原因？

第一，执着于分数。滋养心性需要足够的时间，像公益、读书、礼乐等，必须把时间给足。而目前这种以分数为核心的教育把这些时间都占用了，学校已经分不清孰轻孰重。人生不是比一时，小学考第几又能怎样？一时的分数不能说明什么。非志无以成学，只有立下了志向，未来才会真正在某一领域有所作为。为什么他们的志向立不起来？志向不是突然出现的，需要多年的心性滋养。

爱因斯坦、稻盛和夫读书时分数都很一般。拔苗助长，执着于眼前的分数，很多本来天赋卓异的学生，恰恰被耽误在这里。

第二，执着于虚名。成大事者，不炫于小技。有些家长就喜欢学生上电视，觉得我的孩子总算成名了。成名和成才，其实还差得远，执着于这些，觉得自己很炫，跟未来有多大关系？一不小心学生的心就变得非常浮躁，为了小名，耽误了大事。当年那些神童，后来都怎么样了？保护不好都会成为障碍，一生被耽搁。家长老师一定要沉得住气，要有远见，不要为了少年一时的虚名，耽误了学生一生的脚步。

还有的家庭执着于让学生练什么特殊能力，拿出来表演。为人类做出重大贡献的人，哪有一个是搞特异功能的，朱熹很早就批评过这类事情："异端虚无寂灭之教，其高过于大学而无实。"

第三，执着于现象。教育很忌讳"制造"，父母为了急于求成，把子女自己本来没有能力完成的，想办法代替"完成"，子女还没有做到的，依靠关系假装"做到"。在外人眼中提前制造出一个优秀的学生，以此获得很多特殊机会。父母甚至为此扬扬得意，认为他们的教育"很成功"，李天一就是一个例子。

接下来会如何？你看过圣诞树吗？小树穿上了美丽的装饰，人们

投来艳羡的目光。圣诞节一过，小树开始枯萎了。在教育中，所有的"制造"，到最后都会退回原地。

成长是让学生内在世界一点一点自己展现出来，而绝不是人为制造。为什么有家庭背景的学生后来好多反倒不成才？就是家长老师都在"制造现象"。老师知道这名学生有背景，班级里所有好东西都优先给他，不需要劳动也能当班长，他从小学就有了优越感，他的优越不是来自自身努力，而是来自于特殊关系。本有的成长力没有被激发，这是违背成长规律的。

有人做过这样的比较和展望：中国的教育主要以知识教育为主，西方做的是智力教育，所以西方拿了很多诺贝尔奖。那么，我们要成为人力资源强国和大国，未来中国教育要走什么路线？心性！甚至有人预言，心性教育才是未来人类最高端的教育。

第四节　心性与人类命运

毛主席在《心之力》中写道："国家有何心性即外表为其文明……。德政、文学、艺术、器物乃至个人所作所为，均为愿、欲、情等驱使所生。"心如工画师，能画诸世间。回看波澜壮阔的人类历史，灾难从何而至？乱世因何而生？和平因何而来？盛世因何而成？

1939 年第二次世界大战在欧洲战场正式燃起，希特勒统治下的纳粹德国对犹太人进行了血腥的屠杀，其残酷程度令人发指，死亡人数超过 600 万人，法西斯侵略者们犯下的罪行罄竹难书。

1976 年夏，波尔布特出任柬埔寨政府总理，在三年零八个月的时间里，至少有 150 万至 170 万柬埔寨人民死于人为造成的饥荒、劳逸、屠杀等原因。而当时该国总人口才只有 700 万人。

这些让人不忍回忆的灾难究竟来源于哪里？人心！

稻盛和夫说："'欲望''愤怒''愚痴'这三种本能，是人所有的烦恼中最难驾驭的，称之为'三毒'。如果对自己的思想放任不管，人心就会被这'三毒'占满。"

"三毒"正是人类种种苦难的根源。自然生态危机的产生，来源于人类内心的贪婪；战争杀戮危机的产生，来源于人类内心的嗔恨；文化信仰危机的产生，来源于人类内心的愚痴。

历史的车轮浩浩荡荡向前，人类的贪、嗔、痴还在继续。任何时候，人类想要进步，想要不再重复那些痛苦，就要直面心性的问题。

席卷全球的金融危机，起于心性；大面积出现的青少年心理疾病，伤于心性；人类对自然无休止的破坏，发于心性。

一切问题源于心性，源于愚痴，源于冷漠。

一切问题化于心性，化于仁爱，化于智慧。

曼德拉说："教育是最强有力的武器，你能用它来改变世界。"

化解人心三毒，回归良知的金钥匙，莫过于教育。

这，才是教育的历史重任。

人类文明中最核心最宝贵的部分，恰恰是关于心性的认知与实践。南怀瑾说："人类的文化，不管是东方，还是西方，主要中心都是一个心性问题，它包含了一切宗教、哲学、政治、经济、文化方面。儒、道、佛三家，唐宋以后成为中国文化的代表，佛家讲明心见性，儒家叫存心养性，道家叫修心炼性，所以心性问题是中国文化的中心。"

什么可以化解心性里的贪嗔痴，滋养心性里的真善美，正是教育！典籍里记载：

《尚书·大禹谟》说："人心惟危，道心惟微；惟精惟一，允执厥中。"

《道德经》说："为学日益，为道日损。损之又损，以至于无为。无为而无不为。"

《大学》说："大学之道，在明明德，在亲民，在止于至善。"

《中庸》说："天命之谓性，率性之谓道，修道之谓教。"

《孟子·尽心上》说："人之所不学而能者，其良能也；所不虑而知者，其良知也。孩提之童，无不知爱其亲者；及其长也，无不知敬其兄也。亲亲，仁也；敬长，义也。无他，达之天下也。"

《三字经》说："人之初，性本善。性相近，习相远。苟不教，性乃迁。"德由何生？心性；志由何立？心性。

人心不化，人心不正，做什么，什么错。赚财富，财富成欲望；

做事业，事业成野心；学知识，知识成羁绊；好网络，网络成枷锁；爱娱乐，娱乐成深渊；谈自由，自由成自私……

并非网络迷人，人心自迷；并非财富诱人，人心自诱；并非娱乐误人，人心自误。教育若不引领人们"止于至善"，繁华炫目的现代文明，到底会把人类带往何处？心性不正，问题丛生。13岁少年杀害女童；21岁音乐学院大学生撞倒路人又连刺数刀致人死亡；26岁留学生杀害母亲……原因何在？答案都在心性中。

"古今大奸大恶之人，皆是有好天资大作用之人。只因伊父母先生，均不知教学圣贤，躬行实践。止令学文字，为应世谋利禄之据，其智识之下劣，已到极底。以驯至于演出废经废伦，争城争地，互相残杀之恶剧。此种祸乱，皆彼父母先生，不知教子弟之道所致。"

一个人步入社会之前，如果贪念已经形成，一生都会为贪念所奴役，纵然知道法理难容，奈何己心不由己。

基础教育，几乎决定了一个人一生的命运。

仁者察时事而生忧患，智者观人心而知根源，勇者行教化而济苍生。"以今时今日论，我认为首要大事，当推教育。"（孔昭绶）"欲动天下者，当动天下之心。动其心者，当具有大本大源。"（毛泽东）

故言，安人心者可安睦邻，化人心者可治家国，用人心者可成盛世。人心安，一切自安，各归其道，各得其用。

《学记》云："发虑宪，求善良，足以謏闻，不足以动众；就贤体远，足以动众，未足以化民。君子如欲化民成俗，其必由学乎！"

安人心，化心性，必自教育始。传道，育德，养心，立命，尽在其中矣。

《礼运·大同篇》云："大道之行也，天下为公。选贤与能，讲信修睦，故人不独亲其亲，不独子其子，使老有所终，壮有所用，幼有所长，矜寡孤独废疾者皆有所养，男有分，女有归。货恶其弃于地也，不必藏于己；力恶其不出于身也，不必为己。是故谋闭而不兴，盗窃乱贼而不作，故外户而不闭，是谓大同。"

这幅美好生活的图景，不正是人类美好心灵的展现吗？

第十章 解决方案探讨

第一节 教育的成就

2014 年 9 月 9 日，习近平总书记来到北京师范大学和师生代表座谈，语重心长地说："教育是提高人民综合素质、促进人的全面发展的重要途径，是民族振兴、社会进步的重要基石，是对中华民族伟大复兴具有决定性意义的事业。

"新中国成立 65 年来，党和国家高度重视教育事业，建成了世界最大规模的教育体系，保障了亿万人民群众受教育的权利，极大提高了全民族素质，有力推动了经济社会发展。长期以来，广大教师自觉贯彻党的教育方针，教书育人，呕心沥血，默默奉献，为国家发展和民族振兴作出了巨大贡献，赢得了全社会广泛赞誉和普遍尊重。

"我国人口多、国土广、地区差异大，有 2.6 亿学生和 1400 万教师，搞好教育事业任务艰巨。党和政府高度重视教育，2012 年以来我

国财政性教育经费支出占当年国内生产总值比例达到 4%，这是很大的一件事。我国经济总量虽然已经是世界第二，但我国还是世界上最大的发展中国家，还处在社会主义初级阶段，各种教育资源历史积累不足，地区之间教育发展不平衡，教育总体条件还不是很理想，教师特别是基层教师收入总体水平不高，办学条件标准不高，教育管理水平亟待提高。这就要求我们坚持科教兴国战略和人才强国战略，坚持把教育放在优先发展的战略位置，继续大力推动教育改革发展，使我国教育越办越好、越办越强。"

从 1904 年《癸卯学制》颁布、1905 年废除科举至今，中国现代教育的发展已逾百年。回溯中国近代教育之成果，以魏源、林则徐先生为代表发起的自强求富等运动，奠定了近现代中国重工业及近现代科技的基础。洋务运动支持的留美留欧的公费留学生，后来很多学成归国，成为某一领域的学科带头人和科研扛鼎者。中国的教育转型和探索也是从这时开始的，洋务派创办新式学堂，培养了当时社会上的第一批海军军官和工程技术人才，新式学堂的教学内容也成为了现在教育模式下的沿袭，比如微积分、基础数学、解析几何、英语、法语、物理、机械学、天文、航海、地理、船舶技术、轮机专业、驾驶专业、飞机制造、电学、光学等领域。新式学堂有一个最大的特点——"中体西用"，每日学习知识外，还学习中华传统经典。如：《孝经》《圣谕广训》等，深明义理，兼习策论，"教之经俾明大义，课以文俾知论人，沦其灵明，即以培养其根本"。

除了具有代表性的新式学堂外，京师同文馆也相继建成，后并入京师大学堂。同文馆和新式学堂最大的区别在于不习四书五经，被视为中国近代新式学校的发端，也是中国最早采用班级授课制的学校，标志着近代学校的正式出现，教育也由最开始的培养技术人才逐步向系统的西方式学校转型。最具代表性的则是盛宣怀先生创办的南洋公学和北洋大学堂，以培养高级人才为办学目标。北洋大学堂由于治学严谨，可与当时的哈佛大学、耶鲁大学相伯仲，学业优异者可免试进入美国一流大学攻读研究生，为我国近现代科技教育事业培养了一大批奠基的专家学者。在近代教育史上，洋务派在教育领域的探索和革新有着不可磨灭的贡献，为新中国的教育模式提供了基础，中体西用的理念影响了后期民国学人的思想，为早期综合性大学筹办储备了师资力量。

20 世纪 40 年代末，中国结束了战争之苦，百废待兴，而中国的教育也在此时发生了翻天覆地的变化。

1949 年至 1952 年，新中国面临着建设新教育的重大挑战，改造旧学校、改革旧学制、改变旧思想等一切措施，都在接管旧教育的同时，为中国教育提供了新鲜的土壤和有利的发展空间。

1953 年至 1957 年，中国的教育几乎完全模仿苏联的教育模式，突出在建设社会主义国民教育制度的原则、培养全面发展的社会成员

的教育目的、教学为主的思想这三方面。

1958 年至 1966 年，中国开始寻求符合中国国情的教育模式，"教育与生产劳动结合"的教育方针与当时"大跃进"的形势相配合。

1966 年至 1976 年，十年的"文化大革命"可以说是教育的"大革命"，对教育性质的误解与对教育形式的错判，使当时的中国教育受到强烈的冲击，中国教育的发展出现停滞，甚至倒退。改革开放以后，拨乱反正，恢复高考等积极举措使中国教育重新焕发出了生机。1983 年邓小平题词"教育要面向现代化，面向世界，面向未来"，成为中国教育改革和发展的战略方针。

资料显示，1980 年至今，中国小学教育普及水平不断提高，九年义务教育的普及成为教育的重点，并取得了明显的发展，高中阶段和高等教育在调整后，结构趋于合理，取得显著成效。民办教育的增多，师资力量的提升以及教育经费的增多，都为中国教育的发展提供了强大的动力。

毋庸讳言，新中国成立 70 年来，教育事业发展迅速。从 1977 年重新恢复全国统一高考制度至今，中国当代教育改革已经有 40 余年，教育事业取得了巨大成就，为现代化建设提供了强劲的动力，尤其是普及教育的成果，令世界刮目。

第二节　问题与困难

谈教育，不能因问题而抹杀成绩，也不能因成绩掩盖问题。今天的中国教育同样存在着许许多多让人担忧的问题，有些问题甚至是根深蒂固的。从某种意义上说，这些问题已成为社会主义现代化建设进程必须突破的瓶颈。

问题之一：杰出人才培养的困境。

杰出人才，对于一个国家意味着什么？

那一年，渡口上有一群少年，面对着茫茫江面，立下誓言："此去西洋，深知中国自强之计，舍此无所他求。背负国家之未来，取尽洋人之科学，赴七万里长途，别祖国父母之邦，奋然无悔。"他们的名字叫作梅贻琦、竺可桢、胡适、赵元任……

那一年，在湘江之畔的校园里，一个少年举手提问："老师，您的志向是什么？"他的老师慷慨答道："自闭桃源称太古，欲栽大木柱长天。愿于诸君之中觅得一二良材，栽得参天之大木，为我百年积弱之中华撑起一片自立自强的天空！"36 年之后，那位在课堂上举手问老师志向的少年，已经站在了天安门城楼上向世界宣布：中国人民站起来了！他的名字叫作毛泽东。

那一年，一位青年学者在港口准备回国，被外国官员拦住并关进

监狱，受到了迫害，失去了宝贵的自由。5 年以后，他终于回到了自己魂牵梦绕的祖国——中国，回到自己的故乡。9 年以后，中国第一颗原子弹爆炸成功，12 年以后，中国第一颗氢弹空爆试验成功，15 年以后，中国第一颗人造卫星发射成功。他的名字叫作钱学森。

如果没有这批杰出人才的出现，今日之中国会如何？

中国已经成为世界第二经济大国，按照目前的发展速度，成为世界第一已经指日可待，这是近百年历史未有之巨变。国势之强由于人才，人才的培养大约是三十年一代人。今日之学子作为未来社会之中坚，能否承担起世界第一政治、经济大国的历史重任，是教育工作者刻不容缓的战略思考。

问题之二：部分成绩不好的少年已出现社会问题。

党的一切工作以最广大人民的根本利益为最高标准，而这一标准并没有在教育中得到全面充分落实。在目前的教育理念和考核制度下，成绩不好的学生，早早被贴上"差生"的标签，开始厌学，自卑，最后变成问题少年。

华东师范大学心理健康辅导中心曾经调查了 300 多位学生，80% 都有厌学的情绪障碍。2015 年，北京部分中小学的调查数据显示，目前中小学厌学率达到 30%，而实际情况比这个数据还要严重。中国儿童心理卫生专业委员会一课题组对两所中学的调查显示，59.3% 的学生有厌学情绪。

学生厌学主要表现在知识障碍和人际关系障碍，直接危害是影响青少年的自身成长。正值成长期的青少年是成长的最佳期，个体成长所需要的知识技能、道德品质都在这一时期奠定基础。

由厌学引发的辍学、心理疾病、犯罪，更是给社会直接带来了不良影响和沉重的压力。当前中国青少年犯罪占全部犯罪的70%以上，其中15—16岁的少年犯罪又占青少年犯罪的70%以上。青少年犯罪率急剧上升，已成为严重的社会问题。研究表明，青少年犯罪中，辍学学生所占的比例很大。

教育家陶行知说："教育工作中的百分之一的废品，就会使国家遭受严重的损失。"厌学、辍学、心理疾病、青少年犯罪、自杀等问题的数据的急剧增高，已经拉响了教育警报线。

问题之三：思想道德教育长期处于被弱视的地位，德育体系不完善，思想建设苍白无力。

习近平总书记强调指出："要高度重视对青年一代的思想政治工作，完善思想政治工作体系，不断创新思想政治工作内容和形式，教育引导广大青年形成正确的世界观、人生观、价值观，增强中国特色社会主义道路、理论、制度、文化自信，确保青年一代成为社会主义建设者和接班人。"

虽然中央一再强调思想道德教育，但在现实中，升学率早已成为各学校比拼的实际标准，成为每个中小学追求的目标，德育被迫让步，课量一减再减，就连语文知识也被肢解成各种知识得分点，苦心于分数计算中。举目这四十年来的毕业学生，在学校期间几乎都没有受到过严格、完善的人格教育。

问题之四：青少年的体质在逐年下降。

从 1985 年开始，中国进行了全国青少年体质健康调查，调查显示，近三十年来，中国青少年的体质在持续下降。学生肥胖率迅速增加，四分之一的城市男生是"胖墩"。眼睛近视的比例，初中生接近六成，高中生为八成，大学生高达九成。据教育部《体质调研》相关数据，青少年身体素质一直在不断下滑，尤其是运动能力不断跳水，力量、速度、爆发力以及耐力等体能指标令人堪忧。近年来，学生体质健康问题还出现了低龄化现象，越来越多的"小豆芽"和"小胖墩儿"出现在学龄前儿童群体中。调查显示，3—6 岁幼儿肥胖和超重比例越来越高，达到 17%—19%；6 岁幼儿的近视率接近 20%；从幼儿园起 50% 的儿童已经开始接触电子游戏，假期课余时间也都献给了手机，更不要提锻炼了。

早在 1964 年，毛主席就提出了改革教育体制的设想，提议要给学生"减负"。他说：

"现在课程多，害死人，使中小学生、大学生天天处于紧张状态。"

"课程可以砍掉一半。学生成天看书，并不好，可以参加一些生产劳动和必要的社会活动。"

"现在的考试，用对付敌人的办法，搞突然袭击，出一些怪题、偏题，整学生。这是一种考八股文的方法，我不赞成，要完全改变。"

"旧教学制度摧残人才，摧残青年，我很不赞成。"

"现在一是课多，一是书多，压得太重。有些课程不一定要考，如中学学一点逻辑、语法，不要考，知道什么是语法，什么是逻辑就可以了，真正理解，要到工作中去慢慢体会。"

"课程讲得太多，是烦琐哲学。烦琐哲学总是要灭亡的。"

"现在学校课程太多，对学生压力太大。讲授又不甚得法。考试方法以学生为敌人，举行突然袭击。这三项都是不利于培养青年们在德、智、体诸方面生动活泼地主动地得到发展的。"

"整个教育制度就是那样，公开号召去争取那个五分。就有那么一些人把分数看透了，大胆主动地去学。把那一套看透了，学习也主动了。……在学校是全优，工作上不一定就是全优。中国历史上凡是中状元的，都没有真才实学，反倒是有些连举人都没有考取的人有点真才实学。不要把分数看重了，要把精力集中在培养分析问题和解决问题的能力上，不要只是跟在教员的后面跑，自己没有主动性。"

"反对注入式教学法，连资产阶级教育家在五四时期就早已提出来了，我们为什么不反？只要不把学生当成打击对象就好了。"

"学生负担太重，影响健康，学了也无用。建议从一切活动总量中，砍掉三分之一。"

"现在这种教育制度，我很怀疑。从小学到大学，一共十六七年，二十多年看不见稻、粱、菽、麦、黍、稷，看不见工人怎样做工，看不见农民怎样种田，看不见商品是怎样交换的，身体也搞坏了，真是害死人。"

毛主席当年谈到的教育中的问题，现在过去半个多世纪了，不仅依然存在，某些方面有增无减。

第三节　问题从何而来

国家重视教育，投入大量的财力、人力，希望人才辈出，后继有人；学校重视教育，教师们在一线躬耕一生，如春蚕、蜡烛默默奉献；家庭重视教育，父母把子女教育当作头等大事，起早贪黑，陪伴补课，望子成龙。

即便如此，我们的教育为什么依然批评声音不断。

我们必须找到问题的原因，才能让教育打开新局面。

原因之一：目前我们正在应用的育人体系。

我们追溯到 1977 国家恢复高考那一年。那一年，教育的整体设计遇到了极大困难，最主要的困难就是传承千年的人文学科几乎被全部毁掉，重创了中国的教育。

主要表现为以下几个方面：

一、推翻了以四书五经为代表的中华传统人文经典。

而这些经典正是自隋朝至清朝的国家考试教材。这些教材在古代有什么用呢？一是用来培养治国理政的人才，像《孝经》《论语》，阐述的主要是"修齐治平"的方略；二是用以化民易俗，教民成德。

四书五经这些经典为什么历千年而不朽？文以载道，文以化人。中华的经、史、子、集，都是民族的文化瑰宝，像《古文观止》《文心雕龙》《资治通鉴》，很多内容都可以直接选入中学教材。

而今，世界上文化典籍保存最完整的国度却自缚了手脚。中国的学生们和自己民族的文化之间仿佛竖起了一道高墙。《道德经》在世界上的发行量已经排名第二，而很多中国的学生对此只是似曾相识。没有了"承前"，如何"启后"呢？

二、打倒了以孔子为代表的中国本土教育家和教育思想。

今天我们学习《教育学》和《教育心理学》，会发现一个奇特的现象，里面的思想大多来自于西方教育家的理论研究，像苏格拉底、亚里士多德、卢梭、蒙台梭利、布伯、尼尔、夸美纽斯、杜威、苏霍姆林斯基、赞可夫……。那么，作为五千年人杰辈出的文明古国，是不是没有教育家呢？是不是没有教育思想呢？显然不是。

中国古代关于教育的典籍很多，代表作品如《礼记》中的《学记》，

此篇为孟子的学生乐正克所著，是一部非常珍贵的教育经典。比如，里面详细记载了治国理政杰出人才培养的七个步骤："一年视离经辨志，三年视敬业乐群，五年视博习亲师，七年视论学取友，谓之小成；九年知类通达，强立而不反，谓之大成。夫然后足以化民易俗，近者说服，而远者怀之，此大学之道也。"

《论语》当中介绍了中国古代教育思想："志于道，据于德，依于仁，游于艺。"

《孝经》里记载了化民五种常用方法："先王见教之可以化民也，是故先之以博爱，而民莫遗其亲；陈之于德义，而民兴行；先之以敬让，而民不争；导之以礼乐，而民和睦；示之以好恶，而民知禁。"又讲到了育德四法："教民亲爱，莫善于孝；教民礼顺，莫善于悌；移风易俗，莫善于乐；安上治民，莫善于礼。"

《礼记·经解》中提出了六种典籍教育："孔子曰，入其国，其教可知也。其为人也，温柔敦厚，诗教也。疏通知远，书教也。广博易良，乐教也。絜静精微，易教也。恭俭庄敬，礼教也。属辞比事，春秋教也。"

《乐书》中记载了音乐教育思想："凡音者，生于人心者也；乐者，通于伦理者也。是故知声而不知音者，禽兽是也；知音而不知乐者，众庶是也。唯君子为能知乐。"

还有《孝经》《论语》《大学》《中庸》《劝学篇》《三字经》《师

说》等，都蕴含着大量的教育思想。

提到教育家，中国可谓群星闪耀：伊尹、周公、孔子、墨子、曾子、子思、荀子、孟子、乐正克、扬雄、王通、朱熹、"二程"（程颢和程颐）、王阳明、黄宗羲、梅贻琦、张伯苓、陶行知、钱伟长、霍懋征……

看成果，中国教育是辉煌的，在文学、政治、思想、军事、科技等多领域，培养了无数仁人志士，创造了灿烂的文化，5000年中华文明，伴随着教育一同前进。教育最大的功绩，形成了今天四大文明古国硕果仅存的局面，民族长存，家族不衰，多么令人自豪。

教育思想对于教育，就像空气动力学对于制造飞机、流体力学对于制造导弹一样重要。没有思想作指导，我们在如何育德、如何育人上一下子陷入了空白，只能靠摸索前进，其成果可想而知。

一个国家的综合教育实力，不仅看它对于教育的重视程度，更要看它的教育思想研究深度。正如中国的农业不仅需要大寨精神，更需要袁隆平的杂交水稻技术；中国信息产业不仅需要改革开放政策支持，更需要华为的5G技术攻关。中国的教育，已经到了思想技术攻关的关键时刻。"不忘历史才能开辟未来，善于继承才能善于创新"，教育思想攻关第一步，就是重新认识本民族教育文明的伟大，向历史找答案，从典籍里挖宝。

新中国成立以后，我们几乎再没有培养出享誉世界的教育家，而

近年来西方的蒙氏教育、弗雷内教学法、华德福教育、合作教学法，都已形成了系统的学科学术研究体系，在世界各地传播。为什么会形成这样的局面？一方面，像"传道""明明德"这些本民族伟大的教育思想，今天的教师只闻其名，不得其要；另一方面，教育把大量的时间又都花在与育人不怎么相关的提分上，"提分"怎么能出教育家呢？

关于智育，我们看到了西方的科技成果，沿用了西方的学科设置，却没有用好西方的人才培养模式。从数理化基础抓起，又唯恐落后，急于赶上人家，似乎学的知识越多越好，越难越好，却偏离了智育方向。

关于体育，中国传统的健身系统是中医和武术，加上生活劳动锻炼。国际竞技体育被引进来后，我们把体育项目当作体育教学的主体，体育老师只教体育，不懂体质，像学生的健康饮食、起居养生、常见病预防这些生活常识大部分家长和老师都不知道，中学生违背规律长期熬夜，暴饮暴食，外卖快餐，体质逐年下滑。教育是一门专业性极强的学科，古往今来，多少教育家投入毕生心血反复实践，著书立说。怎么育德，怎么育智，怎么育体，这些专业性课题，不是只靠定目标、提要求、检查填表就能实现的。

教育的困难并不是个人造成的，有着历史背景的无奈，看清它，突破它，希望就在眼前。

原因之二：高考制度错位。

许多人把教育问题全部归咎于高考制度，这是避重就轻。高考制度全世界通用，为什么中国的高考制度反复被人诟病？

最开始恢复高考时，我们的心愿是好的，我们希望：

事实上高考制度确实为国家选拔出了大批优秀人才，今天在全国各行各业岗位战斗的干部、精英、工程技师，基本是 1977 年恢复高考后涌现出来的。

随着时间推移，一方面教育本身"育人"的短板愈来愈突出，一方面学子可以通过高考改变命运，而这一改变命运的途径较其他方式而言更直接且相对较公平。其中不乏一些只关眼前利益的教育工作者。因此，高考于他们而言，变了性质。

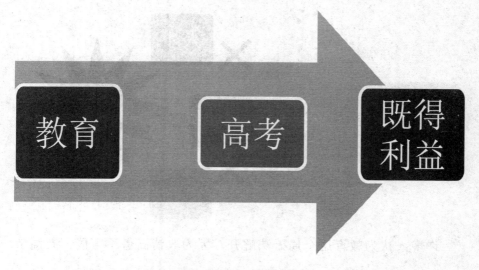

这个关系许多教育人明知道不对，为什么还是牢不可破？

家长没有正确引导，只关心个体利益。像"育人为本，德育为先"的思想，他们想不到，也顾不上。只要自己的学生能考上好大学，找到好工作，怎么样都可以，其他与我无关，这种观念很普遍。在既得利益的诱惑下，高考成了教育的中心点，成为现实利益的推手，一切都在围着高考转。

有需求就有供给，重点学校、社会培训机构于是应运而生，成了抢夺高考红利的助推站，能把学生送上重点大学的学校在当前最受欢迎，炙手可热，"民族大义""社会问题"被抛之脑后。最后，教育演变成这样的模式：

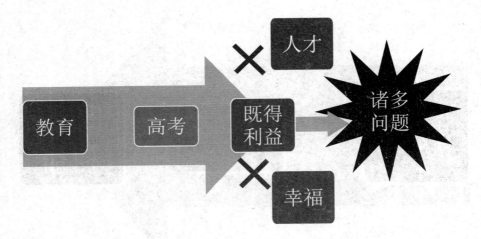

许多人认为教育这个局无法解开，因为取消高考不可能，有高考就会引发分数竞争，有分数竞争就会偏离教育主方向。

真的如此吗？

第四节　解决方案

第一步：要解决教育观念问题。

利益、人才、幸福是矛盾的吗？为了高考"利益"，就必须违背人才培养规律、牺牲学生的幸福吗？

这是一种非常错误的认知！

无论是对于国家，还是对于家庭个体，只有把学生培养成人才，才是真正的获益。因分数而不顾人才，因分数而耽误别人的幸福，这一种错误的观念不仅会给国家带来沉重的负担，而且给很多家庭制造

了问题，有些问题甚至是灾难性的。

试想，一个工薪家庭，子女毕业即失业，宅在家中无法进入社会，父母愁白了头，那是怎样的痛苦。

试想，一个三口之家，二十岁的少年罹患重度抑郁，如何是好。

试想，一个普通家庭，十六岁的学生突然跳楼身亡，家人后面的生活怎样度过。

不顾一切地抢抓分数，最终学生成才了吗？幸福了吗？

教育的问题，深层次是观念问题。要想改变教育结果，首先必须改变隐藏在许多人内心深处的错误观念。

哪些错误观念呢？

第一，"好成绩是成才的唯一标准"，这种错误观念不仅在家长中很普遍，甚至在一些教育行政官员大脑中也很常见。老师们认为，考上大学的学生就是人才，考上"清北"的学生就是杰出人才，只要拼命提高学生的分数，就是在为国家培养人才，这些都是偷换概念。很多成绩优秀的学生本来有机会成为"钱学森""钱伟长"，却在追逐分数的途中泯然众人矣。当年的哈佛女孩们，现在都在哪里？

当这些观念被推行时，一批成绩差的学生注定要提前遭到淘汰，而成绩优秀的学生到最后也不过是谋得"一己之利"而已。长此以往，高端人才出不来。

第二，人类是命运共同体，一个学校、一个班级就是一个社会，大家就是命运共同体。高考是选拔，是合理分工，不是淘汰。动物世界都在和谐共生，人类怎么可以物竞天择呢？

古人就知道"君民一体"的道理，"刻民以奉君，犹割肉以充腹，腹满而身毙。民为邦本，本固邦宁，水能载舟，亦能覆舟。"

在学校，"优等生"与"差等生"也是命运共同体，以损伤"差等生"利益来实现"优等生"的出人头地，这是一条不归路。走淘汰路线，人类终将走向灭亡。

这么重要的道理，教育工作者们怎会不知？

第三，成绩不好的学生就不能成才吗？不是。人才的标准是德、智、体、美、劳！成绩既不代表德，也不代表智，我们培养的是"德智体美劳全面发展的社会主义建设者和接班人"，成绩平平的学生也完全可以成为这样的人才。成绩不好的学生就得不到老师和家长的认可，这是学校和家长自身的教育观念出了问题，首先要改变的是老师和家长，不是学生。

改革教育，必得改变一种观念，改变一种深入骨髓的世俗观念。无锡钱家能为国家培养出十位院士，靠的绝不只是分数。这些重大思想问题，家长们可以被迷惑。然而，教育部门若立不定脚跟，制定再多合理的方案也难以推行落实。

第二步：谨记教育使命，遵循教育原理，研究制定出切实可行的育人体系。什么样的体系培养出什么样的人才，育人体系就像航天火箭的动力系统，是关键之关键。

各国之间的教育水平比什么，就是比谁的育人体系更先进。先看看我们国家对教育的路线设计：

教育➡德智体美劳➡人才

这条路线设计是非常正确的，如果按照它执行下来，教育就能培养出人才，各层次的各类人才都会有。那么，问题出在哪里呢？

教育↛德智体美劳

有了"德、智、体、美、劳"的奋斗目标，下达了"德、智、体、美、劳"的任务文件，就等于完成"德、智、体、美、劳"了吗？显然不是。教育遇到了"技术难题"，德、智、体、美、劳怎么实现？这条线路打不通了。所以，必须做技术攻关。

有人认为是分数误导了教育，有一定原因。但是，就算没有分数干扰和绑架，我们的老师就会育德、育智、育体了吗？最明显的例证就是，时下很多老师自己的学生也少德、少智、少体，出了很多问题。谈到提分，能人辈出，谈到"立德树人"，大家还是面面相觑。

这个问题追溯起来，已经四十年了。到了今天，当下教育曝出的各类问题，还是在"德、智、体、美、劳"上。自私、抑郁、犯罪，这是德育出了问题；没有思想、没有专业、没有能力，这是智育出了问题；体质不好、体力不足，这是体育出了问题。这就是教育的问题与突破点。

怎么解决呢？

第一，体系设计。教育是一个综合性工程，德、智、体每一项都很重要，如果不做整体设计，必然顾此失彼。

以周为单位，德、智、体、美、劳的课程量重新配比。

以学年为单位，小学、初中、高中，德、智、体、美、劳分阶段递进。

第二，内容设计。德育教什么，智育教什么，体育教什么，美育教什么，劳动教什么。

教学内容来源于哪里？人类文明。

教材编写、资料选读、课外书等，在本学科所对应的文明宝库里做出最好的采集与择摘。

第三：教学方法。教学方法遵循的是什么呢？教育原理。

德育，要遵循育德的原理，传道、养心、知行等。

智育，要遵循育智的原理，授业、学而时习之、转文转知成智。

体育，要遵循育体的原理，注重养生学、运动学等。

打造一套完整的育人体系，让"应该教的都在教，应该教的都会教"，加上教育部门强有力的执行，引导家长从原来的教育观念里走出来，教育的大部分问题就会化解掉。

第三步：调整高考制度，让高考回归本位，为"立德树人"服务。

一谈到育人体系改革，有人就会说高考指挥棒怎样怎样。大家想一想，高考制度是活的还是死的？高考在教育大体系中为主为辅？教育体系遵循高考还是高考遵循教育体系？我们首先就要解放思想，不能作茧自缚。

我们看看，高考在大体系的本位是什么？

高考，以检验育人体系的成果为手段，以为国家选拔人才为目的。

高考，只是教育中的一环，不是教育的方向盘。

高考，到底要考什么呢？

用什么，就要育什么；育什么，就要考什么！

我们的目标是"培养德、智、体、美、劳全面发展的社会主义建设者和接班人"。我们的育人体系是"德、智、体、美、劳"。

我们的高考要考什么呢？答案不言自明：德智体美劳。

考知识，很容易，但知识离德、智、体的本质还差了一段，在这一点上过去我们吃了大亏。中国学生的考试能力，全世界闻名，可是中国学生的品德素质、科学精神、创新能力，在 2018 年全球教育质量（Best Countries for Education）排名，中国仅排第 25 位。

高考有强大的导向性，怎么考德，怎么考智，怎么考体，这里面还有大量的工作要做。但是，只要高考方向是正确的，每迈出一步，都是扎实的，都是有成效的。

第四步：育人体系和高考制度改革以后，必须同步做好老师和家长的思想工作。

我国古代为什么这么强调"化民易俗"？作为群众，只顾个体利益，不顾国家安危；只想眼前利益，不管未来得失，这是常态。分数的流弊在 20 世纪 80 年代就已出现，当时就没有得到及时化解，直至演变成今日学校和家长互相推波助澜的局面。

教育不只是教学生，还担负着教化"家长"的重任。"建国君民，教学为先"，怎么帮助群众建立起正确的育人观，这首先是教育部门的重要责任。

家校共育的一项重要内容就是，要反复向家长们说明如何育人、德育的重要性、如何培养能力等，减轻家长们在分数上的压力，帮助家长分析，如何因材施教，让人人皆可成才。

家长的育人观很重要，不同的育人观会培养出完全不同的子女。晚清重臣曾国藩的小儿子曾纪鸿同治三年七月去长沙参加乡试。当时政治腐败，科举考试盛行开后门。曾国藩怕儿子误入歧途，写信给纪

鸿说："进身之始，务知自重。"这次乡试纪鸿榜上无名，以后多次应试，仅得一个"胜录附贡生"。曾纪鸿后来自学成才，著有《对数评解》《圆率考真图解》《粟布演草》等数学专著传世，成为中国近代著名的数学家。

未禁其事，先明其理，此理既明，过将自止。"做好群众工作最重要的是做好群众的思想工作，"刘少奇常说，"在人民群众部分的暂时的利益与全体的长远的利益发生冲突时，应使部分的暂时的利益服从全体的长远的利益。这就是说，小道理应该服从大道理，小原则应该服从大原则。"

所以，教育改革，第一，不能把担子全部压给高考制度。没有教育思想、教育理念、育人体系作支撑，高考制度怎么改，立德树人的任务也难以完成。

第二，思想观念的问题还要靠"教育"来解决。

人心不对，思想不对，人们就会费尽心机钻高考制度的空子，只要分数，不顾人才。教育出的问题还要靠"教育"来化解。"导之以政，齐之以刑，民免而无耻；导之以德，齐之以礼，有耻且格。"制度为刚，文教为柔，刚柔并济，大事可成。

每一个民族的教育模式，往深层次看，都是民族文化观念的体现。德国的教育反映着德国的文化、德国人的人生观；美国的教育反映着美国的文化、美国人的人生观。中国的教育也是同样的道理。群众的文化根基不牢，思想认识如果上不去，教育不管怎么改都很吃力。古代有"孟母断织""岳母刺字"的故事，今天，这样的家长有多少呢？

"知教之所由兴，又知教之所由废，然后可以为人师也。"教育是一个系统工程，必须做系统性优化。通过重建教育理论，研发育人体系，增强高考与"德、智、体"的同频对位，转变家长的育人观念，这样，即使局部还会有些个性问题出现，整体教育水平也会大幅度提升。

第五节　几点建议

有几点想特别说明一下：

1. 考试制度有它的优势与公平性，也有它的不足。用分数来衡量一个人的"德、智、体"，本来就是一件极难操作的事。要客观面对考试制度的不足，减少它的不利因素，而不是一味地批评和施压。

2. 教育的主要问题不只是出在考试制度上，更重要的是出在立德树人的"专业技术"上。这个"技术"问题不解决，教育就突破不了。

3. 从中、小学到高校都是国家全资兴办的教育主体，要忠诚于国家的教育事业，站稳脚跟，把"培养德、智、体、美、劳全面发展的社会主义建设者和接班人"作为第一重要任务来抓。在实际工作中，有的地方教育部门背离国家教育方针，有意助长"分数至上"风气，

以分数谋短期利益，放大高考弊端，这些问题都是教育的硬伤，必须得到遏制。

产生"唯分数论"的社会现象，既有群众的无知，更有学校方的误导。教育主体部门必须回归"教书育人"的本分，扛起"立德树人"的重任，而不是坐在"分数排行榜"上扬扬自得。

4. 家长头脑中大量的错误思想，是加重教育问题的一个重要因素。比如，"重分数，轻德育""重学历，轻心性""重知识，轻技能""唯考大学论""瞧不起职业教育"等等。改变家长的思想意识，"扣好人生第一粒扣子"，是教育改革重要的一环。

同时建议：

1. 缩短高考跑道里程，把基础教育解放出来。任正非说："一个国家的强盛，是在小学教师的讲台上完成的。"把小学卷入竞争激烈的高考赛道，教育就没有松动的空间了。

小学阶段的儿童，"如草木之始萌芽，舒畅之则条达，摧挠之则衰痿。"《社学教条》里说："若近世之训蒙稚者，日惟督以句读课仿，责其检束而不知导之以礼，求其聪明而不知养之以善，鞭挞绳缚，若持拘囚。彼视学舍如囹狱而不肯入，视师长如寇仇而不欲见，窥避掩覆以遂其嬉游，设诈饰诡以肆其顽鄙，偷薄庸劣，日趋下流。是盖驱之于恶而求其为善也，何可得乎？"

"不能把小学生的精神世界变成单纯学习知识，如果我们力求使儿童的全部精神力量都专注到功课上去，他的生活就会变得不堪忍受，他不仅应该是一名学生，而且首先应该是一个有多方面兴趣、要求和愿望的人。"（苏霍姆林斯基）

时下，高考如独木桥、名利场，小学不抓分数就上不了"重点初"。初中不抓分数就上不了"重点高"，高中不抓分数就上不了"重点大"。在这样特殊逻辑的指引下，许多"立德树人"的重要举措都被挡在门外实施不了。

《道德经》说："不尚贤，使民不争；不贵难得之货，使民不为盗；不见可欲，使民心不乱。"教育属于全民所有，重点学校，"重"在哪里？谁制造了这样的逻辑？解放基础教育，一项重要工作就是打破"重点小""重点初""重点高"建制，为所有受教育者提供平等的受教育的机会和条件。

2. 大学要成为"火箭运送卫星成功进入轨道"的关键环节。大学时代是学生身心成熟的最佳时期，也是学生进入社会最后一公里，要把育德、育智、育体当作最最重要的战略任务，建设科学的育人体系和严格的考核机制，不能再延续错误的知识教学和考试模式，不能让国家投入重资寄予厚望的高等学府成为大学生的享乐园，不能把大学变成单纯的"文凭发放机构"。

大学是教育"传承人类文明"的重要平台，是教育大链条的最后一环，改变办学风格，宽进严出，狠抓立德树人，让"德、智、体"

全面发展的学子脱颖而出，让"分数投机分子"迷途知返，这对于教育回归育人大道无疑是极为有利的重要举措。

大学时代更是学生们思想政治觉悟成熟的关键时期，未来是选择"利在天下必谋之"，还是选择"利在一身必谋也"，与他正在接受的思想教育直接相关。上个世纪末，在北京名牌大学圈里流行的出国热，正是当时大学生们思想的反映。把握好这一阶段的思想教育，就能避免大量优质人才外流的问题，就能为国家输送出更多更好的一流人才。

3. 发展职业教育。职业教育很重要，发达国家像德国，70%是高等职业教育。中国的职业教育发展受了教育整体的影响。一上小学就考试排名，这种单一的错误评价标准，使职业教育几乎成了"差等生"群体的代名词。"差等生"经历了九年的心灵折磨后，带着伤痛来到职业学校，自信心已经严重不足，看不到尊严和希望，各种问题陆续爆发，三年学习基本在身心恢复期。

改变职业教育现状，必先改变教育母系统，修正错误的评价标准，为职业教育输送好苗。

改变职业教育现状，还必须提高社会对职业教育的正确认识，改变家长的教子育人观。社会越大，越需要精细分工。目前中国民族产业快速发展，对于职业工人、高级技师需求旺盛，而品德、能力、体质成为他们选拔人才的重要考评因素。从国家整体产业布局来看，尖端科研人员只占社会很小的比例，大部分毕业生都要进入职业大军。

我们的目标是成人成才，一生幸福，家长如何正确评估自家子女，做

出务实地选择，需要国家的引领。

第十一章　教师为本

第一节　重视教育，必须提高教师的社会地位

百年大计，教育为本，教育大计，教师为本。

邓小平同志曾经指出："一个学校能不能为社会主义建设培养合格的人才，培养德智体全面发展、有社会主义觉悟的有文化的劳动者，关键在教师。"国家繁荣、民族振兴、教育发展，需要我们大力培养并造就一支师德高尚、业务精湛、结构合理、充满活力的高素质专业化教师队伍，需要涌现一大批好老师。

"国将兴，必贵师而重傅；贵师而重傅，则法度存"，世界上凡是教育领先的国家，无不对教师高度重视。号称教育全球第一的芬兰，教师社会地位之高，是其他国家难以想象的。芬兰的年轻人最向往的职业就是教师，中、小学教师受群众敬重的程度甚至超过总统和大学教授。

我国在改革开放之后，在国家的高度重视下，教师的社会地位开始逐年上升，但也有值得我们继续改进的地方。

一、教育大计，教师为本，教师是为国家培养人才的人。"求木之长者，必固其根本，欲流之远者，必浚其泉源"，要想担负起这项艰巨的任务，必先选拔出优秀的学苗考师范当教师，让社会的一流人才进入教师队伍，教育才能逐步进入良性循环。

全国师范院校里只有 8 所 211 和 985 院校：北京师范大学、华东师范大学、华中师范大学、南京师范大学、东北师范大学、陕西师范大学、湖南师范大学、华南师范大学，其中北京师范大学在全国大学排行榜中位于 19，华东师范大学在全国院校排行榜中位于 28，华中师范大学在全国院校排行榜中位于 36，东北师范大学在全国院校排行榜中位于 38。高分数段的学生想报考师范院校，可以选择的空间很小。

即使在同一省市中，师范类院校分数排名也并不靠前，例如，辽宁师范大学在辽宁省内排名第 9，沈阳师范大学在辽宁省排名第 19；吉林师范大学在吉林省内排名第 10，长春师范大学在吉林省排名第 13；南京师范大学在江苏省排名第 8，江苏师范大学在江苏省排名第 17。虽然说排名不能完全代表教学实力，但是从这里能看出来整个社会对师范的认知。

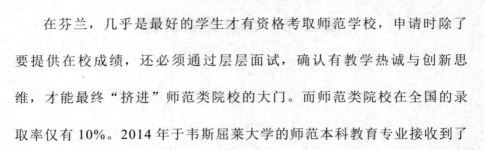

在芬兰，几乎是最好的学生才有资格考取师范学校，申请时除了要提供在校成绩，还必须通过层层面试，确认有教学热诚与创新思维，才能最终"挤进"师范类院校的大门。而师范类院校在全国的录取率仅有10%。2014年于韦斯屈莱大学的师范本科教育专业接收到了2387份申请，最终只有86人被录取。

二、社会对教师行业了解不足，正面宣传不够。"但得众生皆得饱，不辞羸病卧残阳""采得百花成蜜后，为谁辛苦为谁甜""春蚕到死丝方尽，蜡炬成灰泪始干"，用这些感人的诗句来形容教师绝不为过。近年来的影视作品里，很少能看到讲述"教师故事"的题材，不能不说是个遗憾。社会的风尚要靠引导，一定要加大对教师这个"太阳底下最崇高的职业"的宣传力度。

"凡学之道，严师为难。师严然后道尊，道尊然后民知敬学。"国内打骂老师、恐吓教师的事件之所以时有发生，除了教师自身素质外，不能不说与群众的思想认知高度有关，一个民族不尊敬教师，是没有希望的。

"为学莫重于尊师""举世不师，故道益离"，用文艺作品、影视剧、音乐艺术一起来讴歌教师，宣传教育，让全社会广泛了解教师工作的重要性和特殊性，让尊师重教蔚然成风，这是全面提高我国教育水平的重要工作。

第二节　怎样落实师德

2014年习近平总书记在北师大讲话中，专门谈到了好老师的四个标准：

第一，做好老师，要有理想信念；

第二，做好老师，要有道德情操；

第三，做好老师，要有扎实学识；

第四，做好老师，要有仁爱之心。

四项标准当中，有三项都谈到了师德。"老师在学生心目中具有重要位置，老师无意间的一句话，可能造就一个天才，也可能毁灭一个天才。"没有师德，不配当教师。

2018年1月20日，中共中央国务院下发了《关于全面深化新时代教师队伍建设改革的意见》，同年11月8日，教育部印发并实施了《新时代中小学教师职业行为十项准则》，国家高度重视教师的师德师范。

怎样落实师德呢？简单地说，教师怎样来给学生"立德"，学校就要怎样给教师"立德"。师德，一定是因理而明，从心而生，以行而成，所以，落实师德，传道、养心、知行，一个步骤都不能少。

法是他律，德是自律，师德教育，不能只靠检查。如今很多学校对于师德只能停留在"管"，有标准没方法，对于"人为什么要有德""为什么不能缺德""德与人生是什么关系"这些根本的道理理不清楚，"育德"基本功没有，师德就难以落实。成年人的教育，要把明理放在前，先明其理，再养其心，再成其行，帮助老师点亮他们的人生。点亮老师的人生，就是点亮了学子的人生。

中华优秀传统文化中有很多育德的思想，比如，《了凡四训》这部书中提到了"改过三法"，从事上改、从理上改、从心上改，可以在师德教育中借鉴运用，"然人之过，有从事上改者，有从理上改者，有从心上改者。""何谓从心而改？过有千端，惟心所造；吾心不动，过安从生？学者於好色，好名，好货，好怒，种种诸过，不必逐类寻求；但当一心为善，正念现前，邪念自然污染不上。如太阳当空，魅魅潜消，此精一之真传也。过由心造，亦由心改，如斩毒树，直断其根，奚必枝枝而伐，叶叶而摘哉？""大抵最上治心，当下清净；才动即觉，觉之即无；苟未能然，须明理以遣之；又未能然，须随事以禁之；以上事而兼行下功，未为失策。执下而昧上，则拙矣。"

中华传统文化是一种典型的理性主义和实用主义文化，实践证明，用中华优秀传统文化来培育老师，能够激发一个老师的教育情怀，帮助一个老师建立起高尚的人格观，对于老师的理想信念、道德情操、仁爱之心的培养，作用都极为显著。

第三节　教师队伍的专业化

教书育人为什么这么难？

第一，《学记》说："能为师，然后能为长。能为长，然后能为君。故师也者，所以学为君也。"在古人看来，一个能够担当起"为师"的人，已经可以"为长""为君"了，由此可见，成为一名优秀的人民教师多么不易。

第二，教育不只是教授知识这一件事，它所关注的是每个学生的人生，而人生一定有其内在的规律，阐述这种规律的是生命科学。当我们对生命科学所知不足的时候，我们所研究的一切，所讨论的一切，所做出的一切努力，可能离心中的目标越来越远。说直白一点，没有对于生命的深刻理解与实践，育人不容易实现。

第三，人的一生幸福都握在教育者的手中。教育非常伟大，非常神圣。

什么是教育？鲁迅先生说："教育就是要立人。"

什么是教育？爱因斯坦说："当你把受过的教育都忘记了，剩下的就是教育。"

什么是教育？蒙台梭利说："教育就是激发生命，充实生命，协助学生们用自己的力量生存下去，并帮助他们发展这种精神。"

什么是教育？雅斯贝尔斯说："教育的本质意味着，一棵树摇动另一棵树，一朵云推动另一朵云，一个灵魂唤醒另一个灵魂。"

"以梦想点亮梦想，以心灵呵护心灵，以行动引领行动，以人生成就人生。这就是教育。"

"我们怎么教，学生能幸福？""我们怎么教，学生能成才？"当这些核心问题找不到答案时，所有从事教育的人都会无所适从。

孟子曰："贤者以其昭昭使人昭昭。"作为"立德树人"的主阵地，用正确的教育理念引导家长，这本身就是学校的职责所在。而现实的情况是，许多学校自身育人能力不足，却又高举"分数"大旗，开口闭口都是作业和排名，家长不跟随就被批评，一路硬跟下来，学生又遍体鳞伤。如果哪一天有个较真的家长来学校问："请问，我的学生整天做这些卷子，一定能成才吗？"我们怎么回答人家？

正己方能化人，教师必须学会育人，必须专业化。何谓教师的专业化？

从事德育教育的老师，必须擅长育德。从他手中教出的学生，学会利他，学会劳动，学会勤俭，学会感恩，学会助人，学会谦让，学会宽容，学会自省，学会自律。从他手中教出的学生，孝父母，敬老师，爱祖国。这就是德育老师的专业化。

从事智育教育的老师，必须擅长育智。带领学生学习人文科学，让他们有思想，善规划，能办成事业，不管修身齐家，还是治国理政，都是能人高手。带领学生学习科学技术，使他们或者专于一长，或者精于一域，或者积数年之功成一代大家，造福人类。这就是智育老师的专业化。

从事体育教育的老师，必须擅长育体。不仅长于体育运动和锻炼，更加精通中西医常识，保护学生的身心，保护学生的脏腑，保护学生的视力。这就是体育老师的专业化。

有了专业化作支撑，"立德树人"的目标才能实现。教师的专业化，必须在师范大学的四年学习期内完成基础训练。所以，师范大学如何输送出专业化的现代人民教师，这是中国教育又一重大课题。

"教育是国之大计，党之大计。"中国是文明古国，有着几千年的教育文明传承与实践，国外的教育模式可以借鉴，但不能照搬，必须开创中国特色之路。我们坚信，只要我们承前启后，念兹在兹，沿着"立德树人"这条路坚定探索下去，到 21 世纪中叶建国百年的时候，我们的教育水平可以雄踞世界第一，百年中国梦翘首可待！

衷心地祝愿——

所有的学生都能接受最好的教育！祝愿所有的老师都能实现人生的梦想！祝愿我们的祖国繁荣富强！